Knkush larer

Nar-Dos

ՔՆՔՈՒՇ ԼԱՐԵՐ

ՆԱՐ-ԴՈՍ

Knkush larer

Copyright © 2014, Indo-European Publishing

All rights reserved.

Contact:

IndoEuropeanPublishing@gmail.com

ISNB: 978-1-60444-791-0

Քնքուշ լարար

Հրատարակված է Ամերիկայի Միացյալ Նահանգներում:

Կապ՝

IndoEuropeanPublishing@gmail.com

ISNB: 978-1-60444-791-0

Ա

ԹԱՏՐՈՆՈՒՄ

Թիֆլիսի Ամառային թատրոնում հայ թատրոնասերները բարեգործական նպատակով ինչ-որ ներկայացում էին տալի: Գուցե «բարեգործական նպատակն» էր պատճառը, որ բոլոր տոմսերը ծախված էին, որովհետև արդեն հայտնի իրողություն է այն, որ հայ «մշտական» խմբի ոչ բարեգործական նպատակով տված ներկայացումներին գրեթե միշտ տորիչելյան դատարկություն էր տիրում թատրոնում, ժողովուրդը, որ բաղկացած էր գլխավորապես ինտելիգենտ կոչված դասից, նշանակյալ ժամանակից դեռ կես ժամ առաջ արդեն սկսել էր տեղալ դեպի թատրոն: Վերնահարկում, ուր հաճախում են գլխավորապես քաղաքի չքավոր հայ ուսանողները, արդեն սկսվել էր իրարանցումը: Բոլոր օթյակները բռնված էին: Նրանցից շատերի մեջ նստած զրուցում էին երկու սեռի ներկայացուցիչները՝ մարդիկ և կանայք, իսկ շատերի մեջ, աթոռների վրա գտնվում էին միայն նրանց անշունչ ներկայացուցիչները՝ կանանց գլխարկներ, շալեր, դիտակներ, իսկ նրանց տերերը, որովհետև տակավին վաղ էր, զբոսնում էին սրահում:

Երկու հարևան օթյակներ միայն տակավին դատարկ էին: Նրանց այդ գիշերվա վարձողները կամ մյուսների նման անհամբեր չէին, կամ տակավին չէին վերջացրել իրենց զարդարանքների ամենավերջին անճշտությունները: Սակայն շուտով նրանցից մեկի դուռը բացվեցավ, և ներս մտան մի տղամարդ ու կին: Նրանք անմիջապես նստեցան իրենց աթոռների վրա և լուռ սկսեցին նայել հանդիսականներին, որոնցից ոմանք համբերությունից դուրս գալով, ծափահարում էին, մոռանալով, որ մինչև նշանակյալ ժամանակը տակավին կես ժամ կա, իսկ ոմանք ժպտալով, կամ լուրջ կերպով զրույց էին անում միմյանց հետ:

Ստեփաննոս Հարությանը (այդպես էր կոչվում տղամարդը) մի բարձրահասակ, լայն թիկունքով և վեհանձն մարդ էր: Նա շատ ծանր և լուրջ էր, ինչպես առհասարակ լինում են խելացի և հաստատակամ բնավորությունները: Նրա բոլոր շարժումների և խոսակցության մեջ նկատվում էր զարմանալի զգաստություն, որ միայն բնատուր է լինում և իսկույն որոշվում է կեղծից: Նա կլիներ մոտ երեսունհինգ տարեկան, բայց նրա դեմքը հենց առաջին հայացքից կեղծում էր, նրան այդ տարիքից ավելի երիտասարդ ցույց տալով: Ազնվությունն ու բարությունը միախառնվելով՝ նրա գեղեցիկ և փոքր-ինչ այլայլված դեմքին տվել էին մի այնպիսի արտահայտություն, որ նայողը կամենում էր նրան փոքր-ինչ երկար նայել, առավելապես նրա համար, որպեսզի ասեր. — ի՛նչ քաղցր մարդ է դա: Նրա երկար ու լայն շիկագույն մորուքը, որին նա սովորության ուներ ստեպ-ստեպ ձեռքով հարթելու, ծածկում էր գրեթե լայն, դուրս ընկած կուրծքի մի մասը: Երբեմն նա սովորություն ուներ յուր մեծ-մեծ, խոհուն աչքերը կիսախփել և այդ ժամանակ նրա դեմքը փոքր-ինչ մռայլվում էր, գրեթե մելամաղձոտ արտահայտություն էր ստանում, բայց նա բնավ մելամաղձոտ չէր, որին և վկա էր նրա գրավիչ, փափուկ ձայնը: Նա ծառայում էր տեղական արքունական պալատակերից մինում մեծաքանակ ռոճիկով: Ամբողջ տասը տարի նա վարում էր յուր պաշտոնը, և ոչ ոք նրա մասին մի դժգոհություն չէր հայտնել: Բոլոր նրան ճանաչողները սիրում և հարգում էին նրան: Ամենքը մատնացույց էին անում նրա վրա, իբրև մի անկեղծ, ճշմարիտ և յուր կոչմանն ու պաշտոնին հավատարիմ մարդու վրա: Նրա անկեղծությունն ու ճշմարտությունը մի այնպիսի հոչակ էր հանել պալատում, որ ամենքը նրա ստորադրյալներից ամբողջ մարմնով դողում էին, երբ նա հաշիվ էր պահանջում նրանցից իրենց հանձնված գործերի մասին: Նրանք երկյուղ էին կրում, թե միգուցե նա մի որևիցե զեղծումն գտնե իրենց կատարած գործերի մեջ: Եվ վա՛յ նրան, ում մեջ այդ գտնում էր. — նա անմիջապես զրկվում էր յուր պաշտոնից: Շատերին էլ նա առաջին անգամը ներում էր, բայց այն պայմանով միայն, որ ոչ մի ժամանակ այլևս այդ չկրկնվի: Սակայն, ինչպես ամեն մի ճշմարիտ մարդու, նույնպես և նրան, կային մարդիկ, որոնք ատում էին և նրա վրա չարախոսում էին, և այդ հասկանալի է, թե ինչու և ի՛նչպիսի մարդիկ պիտի ատելիս լինեին նրան... ճշմարտության ու անկեղծության անհաշտ թշնամիներն ամեն կերպ աշխատում էին արատ ձգել նրա անբիծ անվան վրա, բայց զուտ փայլուն ոսկին իրեն վրա ոչ մի ժանգ չի ընդունում, նա շարունակում է ավելի ու ավելի փայլել և յուր պայծառ շողերով ծակծկել, կուրացնել նրանց աչքերը...

Նրա կինը՝ տիկին Նունե Հարությանը, քսանհինգ

տարեկանից ավելի չէր կարող լինել: Նա այնքան քնքուշ էր, նրա փոքրիկ դեմքի գծերն այնքան նուրբ էին, որ առաջին հայացքից ավելի մի մանկահասակ աղջկա էր նմանում, քան կնոջ, որի դեմքի վրա սովորաբար և բնականաբար այլևս չէին փայլում կուսական թարմությունը, անփորձությունը, անհոգությունը: Նրա դեմքի և ձեռքերի սպիտակ-դեղնագույն կաշին այնքան նուրբ էր, այնքան թափանցիկ, որ իսկույն կարելի էր նշմարել, թե ի՛նչպես ճյուղավորվում էին դրա տակ նրա կապույտ երակները: Նրա սև հոնքերը, փայլուն մազերն և մանավանդ մեծ-մեծ ու միշտ ժպտող ու խոնարհ աչքերը, որոնց մեջ նկատվում էր մի տեսակ, գրեթե կուսական ամոթխածություն — ավելի պատիվ կբերեին մի խոշոր գեղեցկուհու, քան դրան, որ, ըստ երևույթին, մի հիվանդոտ կնոջից ոչնչով չէր զանազանվում: Բայց մի բան, որ ամենաանհարմար կերպով խանգարում էր նրա քնքշատիպ գեղեցկության ներդաշնակությունը — այդ նրա հարթ կուրծքն էր, որ կարծես զուրկ էր ստինքներից — կնոջ արտաքին փայլի այդ պսակներից:

Նրանց մտնելուց հազիվ թե անցել էր հինգ րոպե, երբ հանկարծ բացվեցավ նրանց կից օթյակի դուռը, և մի շքեղ սևազգեստ կին վեհապանծ ներս մտավ: Նրա մտնելուն պես բոլորը՝ թե՛ օթյակներից, թե՛ պարտերից և թե՛ մինչև անգամ վերնահարկից՝ աչքերը դեպի նա դարձրին և բոլորն էլ, ըստ երևույթին, գրավվեցան նրա հենց առաջին հայացքից աչքի ընկնող հրաշալի գեղեցկությամբ: Եվ իրավ որ նա անզուգական գեղեցկուհիներից մեկը կարող էր համարվել, եթե չհիշենք նրա տարիքը, որ՝ մոտավորապես որոշելու համար՝ բավական չէր հեռվից միայն նայել կամ հարևանցի ակնարկ ձգել նրա վրա, որովհետև այդպիսի դեպքերում նա քսան, քսանհինգ տարեկան կնոջից ոչնչով չէր զանազանվում, այլ հարկավոր էր ավելի մոտիկից և երկար նայել նրա դեմքին — և նա մոտ երեսուն ամբողջ գարուններ անցրած կին էր երևում: Յուր բոլոր արտաքին տեսքով նա ներկայացնում էր տիկին Հարունյանի բոլորովին հակապատկերը: Կարծես, բնությունը, նրանց ստեղծելով, կամեցել էր ցույց տալ, թե որքան ինքը հմուտ է հակապատկերներ ստեղծելում: Նա բարձրահասակ էր, ոչ հաստ և ոչ բարակ, բայց լի, հարուստ կրծքով, որ միշտ առանձին վեհությամբ դուրս ձգած լինելով՝ նրան թագուհու էր նմանեցնում: Իսկույն երևում էր, որ նրա՝ առանց այն էլ գեղեցիկ դեմքին կոսմետիկ ասած բանը չէր դիպել երբեք, նայելով նրա բնական սպիտակ ու կարմիր այտերին, որոնց վրա փայլում էր տակավին երիտասարդության թարմության դրոշմը, և որոնք այդ գիշեր սաստիկ վառվում էին և նրա գեղեցկությունը կրկնապատկում: Նշանավոր էր նրա կանոնավոր քիթն և առավել ևս նրա մեծ-մեծ, կրակոտ, թուխ աչքերն երկար թերթերունքներով, որոնք մի ակնթարթում կարողանում են նույնիսկ պաղարյուն յուրաքանչյուր երիտասարդի ընկճել և գերել: Այդ գեղեցկուհու ազդեցությունը կրկնապատկում էր նրա շարժունությունը, որ հատուկ է լինում գլխավորապես ազնվական և եվրոպական — արիստոկրատ շրջաններում սնված և մեծացած կանանց

Նախքան նստելը, նա առավ կրծքի վրա կախած պատկառելի պենսնեն և, մոտեցնելով աչքերին, սկսեց անցնել նախ բոլոր օթյակների կարգը, հետո նայեց դեպի ներքև, որից հետո, որպես հպարտ թագուհի, ձգվեցավ աթոռի վրա:

Հարունյանները հետաքրքրությամբ դիտում էին այդ՝ իրենց անծանոթ հարևան գեղեցկուհուն, որ այնպես վեհանձն ու ազատ էր պահում իրեն և, ինչպես երևում էր, բոլորովին մենմենակ էր եկել թատրոն:

Հանկարծ անծանոթ գեղեցկուհին դեմքը դեպի նրանց դարձրեց, և նրա հայացքը հանդիպեց տիկին Հարունյանի հայացքին: Նրանք սկսեցին անխոս և անթարթ նայել միմյանց դեմքին, մանավանդ առաջինը, որի դեմքը հետզհետե հետաքրքրական արտահայտություն էր ստանում: Տիկին Հարունյանն ուղղակի նայում էր նրա աչքերին, որոնք, կարծես, նրան ծանոթ էին թվում, նրա մեջ ինչ-որ մութ հիշողություն էին զարթեցնում: Մինչ նա ամեն կերպ աշխատում էր յուր այդ հիշողության վրա լույս ձգել, անծանոթ գեղեցկուհին, պենսնեն մի քանի անգամ աչքերին մոտեցնելուց հետո, վեր կացավ և մոտեցավ նրան յուր օթյակի մեջ, հարցրեց ժպտալով.

— Ներեցե՛ք ինձ, դուք իմ ծանոթս զալիս եք. ես ձեզ մեկի նմանությանն եմ տալիս և չգիտեմ արդյոք դուք նա՞ եք, թե իմ աչքերս են միայն ինձ խաբում... կբարեհաճեի՞ք արդյոք կասկածս փարատել, հայտնելով ինձ ձեր անունը:

Այն եղանակը, որով նա մի առանձին արագախոսությամբ արտասանեց այդ բառերը, և ընտիր ձևերը, որ գործ դրեց այդ բառերը արտասանելիս — իսկույն ցույց էին տալիս, որ նա հասարակ մարդու կին չէր, կամ հասարակ տեղերում չէր մեծացել, և որ նա յուրացրել էր բարձր շրջանի բոլոր ձևերը:

Տիկին Հարությանը փոքր-ինչ շփոթվեց այդ արիստոկրատ գեղեցկուհու պատկառելի անձնավորության առաջ, բայց շուտով իրեն հավաքելով, պատասխանեց նույնպես ժպտալով.

— Նունե Հարության:

— Նո՞ւնե... Հարությա՛ն, — արտասանեց իսկույն անծանոթ գեղեցկուհին առաջին բառը շուտ, իսկ երկրորդն՝ երկարացնելով և մի տեսակ զարմացական և հարցական եղանակով, որի ժամանակ նա աչքերը կիսախփեց և սկսեց ավելի խոր նայել նրան: — Նունե Հարությա՞ն, թե Նունե Ազարյան:

— Ա՜խ, դուք չեք սխալվում, — շտապով պատասխանեց նրան Նունե Հարությանը, միևնույն ժամանակ զարմանալով, թե ո՛րտեղից գիտե այդ անծանոթ տիկինն յուր ազգանունը: — Ազարյան հայրական ազգանունս է, իսկ Հարության — ամուսնուս...

— Ա՜, ուրեմն ես չեմ սխալվել...

— Բայց ներեցե՛ք հետաքրքրությանս, — ընդհատեց նրան տիկին Հարությանը, ավելի խոր նայելով նրան, — դուք ո՞րտեղից եք ինձ ճանա...

Նա չվերջացրեց յուր խոսքն և զարմացած ու ապշած նայելով նրա ժպտող աչքերի մեջ, վեր կացավ տեղից, կարծես նրա մութ հիշողությունը հանկարծ պարզվեց:

— Սո... մի՞թե դուք Սոֆիա... իշխանուհի Մելիքյանը չեք, — հարցրեց նա մի տեսակ անվճռական եղանակով:

— Այո՛, Նունե՛, իշխանուհի Սոֆիա Մելիքյանը, — քո նախկին սիրելի ընկերուհին:

— Մի՞թե, — բացականչեց գրեթե ինքնամոռացության մեջ տիկին Հարությանն այնպես, որ նրա ձայնը ողջ թատրոնում լսելի եղավ, չնայելով, որ օրկեստրն արդեն սկսել էր ուվերտյուրը: Նա իսկույն առավ նրա երկու ձեռքերն ու ամուր-ամուր սեղմեց նրանց: — Սո՛ֆիա... իրավ որ այդ դուք եք... այդ դու ես... Աչքերդ ախար ինձ սաստիկ ծանոթ էին թվում... Ների՛ր, որ ես քեզ իսկույն չկարողացա ճանաչել, Սո՛ֆիա. դու այնքա՛ն փոխվել ես, դու բոլորովին փոխվել ես, Սո՛ֆիա... միայն աչքերդ են մնացել նույնը...

Եվ նա սաստիկ կարոտալից անդադար, ամուր սեղմում էր նրա ձեռքերն ու ամենաքաղցրիկ կերպով ժպտում էր նրա դեմքին:

Իսկ պարոն Հարունյանը հանդարտ նստած, և, ըստ երևույթին զարմացած, որ շատ քիչ էր նկատվում նրա ծանրախոհ ու լուրջ դեմքի վրա, նայում էր նրանց:

Բ

ԻՇԽԱՆՈՒՀԻ ՍՈՖԻԱ ՄԵԼԻՔՅԱՆ

Իշխանուհի Սոֆիա Մելիքյանը Թիֆլիսի հարուստ կալվածատերերից մեկի միակ զավակն էր: Նրա հայրը հայտնի էր քաղաքի մեծամասնությանը յուր բազմաթիվ կալվածքներով՝ ինչպես քաղաքում, նույնպես և նրա շրջակայքում:

Օրիորդ Սոֆիան, որի գեղեցկությամբ ամենքը հիացած էին, կրթվում էր այն հոգով, որ առաջ մեր հարուստ հայ ընտանիքների մեջ մի տեսակ «մոդայի» կարգն էր դասվում: Կուրացած լինելով իրենց ծնողական ամենաքնքուշ, բայց չափից անցած սիրուց, նրա ծնողները շատ քիչ ուշադրություն էին դարձնում նրա դաստիարակության բարոյական կողմի վրա: Նրանք իրենց այդ միակ, անգին զավակին միշտ և ամեն ժամանակ գգվում, փայփայում և պաշտում էին, ինչպես մի սուրբի. ոչինչ նրանց համար աշխարհիս երեսին գոյություն չուներ, բացի իրենց այդ սիրուն, հրեշտակային փոքրիկ աղջկանից, որի մեջ միայն նեթ նրանք կենտրոնացած էին տեսնում իրենց գոյությունը: Մի խոսքով՝ ծնողները զավակի ստրուկներն էին դարձած: Այդ փոքրիկ աղջիկը համարձակ կերպով ապտակ էր խփում հորն, ապտակ էր խփում մորը, քաշում էր նրանց մազերը — և նրանք մեծ, հոգեզմայլ բավականությամբ առնում էին նրա փոքրիկ ձեռքերը, որոնցով նա ապտակում էր նրանց, քաշում էր նրանց մազերը, և նրանց վրա լցնում էին անհամար ջերմ համբույրներ... Եվ այդպիսով ծնողները չէին տեսնում կամ չէին ուզում տեսնել, թե ի՛նչպես դեռ վաղ մանկությունից այդ փոքրիկ աղջկա մեջ հետզհետե արմատ էին բռնում ու հաստատվում շատ ու շատ բաներ... թե ինչպես նրա մանուկ, անմեղ սրտում բնակալում էին շատ զարշելի և սոսկալի որդեր...

Տասնևութ տարեկան հասակում, նրանից անսպասելի հաջողությամբ, նա ավարտեց օրիորդական գիմնազիոնը, գիտենալով ընդսմին հայերեն փոքրիշատե վարժ կարդալ և կոպիտ սխալներով գրել, որն, այնուամենայնիվ, գովելի էր, նայելով այն հանգամանքներին, որոնց մեջ նա մեծանում էր ու սովորում: Իսկ քսան տարեկան հասակում, երբ հասել էր արդեն յուր կուսական գեղեցկության և հասունության գագաթնակետին, նա ամուսնացավ մայրաքաղաքից եկած Մելիքյան անունով մի երիտասարդ իշխանի հետ, որ պատահել էր նրան պարահանդեսում և առաջին հայացքից սիրահարվել էր նրա վրա: Բայց հպարտ և փառասեր օրիորդ Սոֆիային, որին մինչև այդ ժամանակն էլ շատերն առաջարկել էին իրենց սիրտն ու հարստությունն և որոնց նա մերժել էր — ավելի գրավում էր նրա իշխանական տիտղոսը, քան նրա քնքուշ, բարի դեմքն ու միշտ ցնորասեր, թույլ բնավորո՛ւթյունը: Փառասեր Սոֆիան վաղուց ցանկանում էր մի այդպիսի տիտղոս ունենալ, քիչ մտածությունների ու ցնորքների առարկա չէր դարձել փառքի մեջ նստած այդ երևակայած տիտղոսը: Անթիվ անգամ նա անիծել էր յուր ծնողներին, բնությանը, թե ինչո՛ւ ինքն իշխանական տոհմից չէ ծնված, այլ մի հասարակ տոհմից, որ — ո՞վ գիտե — առաջ ո՞ր գյուղացին էր, ո՞ր հետին չքավորն, աղքատը... բայց այժմ, վերջապես, այդ շատ մտատանջությունների պատճառ դառնող, բայց հոգով, սրտով պաշտած ցանկությունն էլ իրագործվեցավ: Նա հասավ յուր նպատակին այժմ ի՛նքը գիտեր... նա իշխանուհի էր: Իշխանուհի ... օ՜: Ի՛նչ հրաշալի հնչյուն... կարծես երկնային դյութական ամենաքաղցրիկ մեղեդի լինի, որ մի տեսակ հոգեզմայլության մեջ է ձգում նրա բոլոր գոյությունը: Բայց արյո՞ւնը... Ա՛խ, ոչի՛նչ, ո՞վ է այժմ արյան վրա ուշադրություն դարձնում, բավական է, որ յուր ամուսնու երակների մեջ վազում է ազնվական տոհմային արյուն, բավական է, որ նա իշխան է կոչվում, իսկ ինքն — իշխանուհի:

Ամուսնանալուց հետո անմիջապես իշխանուհի Սոֆիա Մելիքյանն ստիպեց յուր ամուսնուն գնալ Պետերբուրգ, որի մասին վաղուց ցնորում էր: Հայր ու մայր նրա առջևը չոքած, արտասուքն աչքերին խնդրում էին նրան, որ նա գոնե մի ամիս իրենց մոտ մնա, այդ նրանք իրենց ամենամեծ երջանկությունն էին համարում, բայց քմահաճ աղջիկը նրանց վրա ուշադրություն անգամ չկամեցավ դարձնել և բավական չոր կերպով պատասխանեց նրանց, որ նրանք իրեն հետ այլևս գործ չունին: Ծնողները մնացին սառած, զարմացած... Բախտավոր, երջանիկ ամուսինը չէր կարող մերժել յուր պաշտելի կնոջ խնդիրը, նա տարավ նրան Պետերբուրգ, ուր սկսեց ման ածել նրան բարձր հասարակությունների մեջ: Ամեն տեղ, ուր էլ որ հայտնվում էր իշխանուհի Մելիքյանը, ապշում էին նրա սքանչելի գեղեցկությամբ: Բախտավոր ամուսինն այդ տեսնում էր և երեխային վայել միամտությամբ հպարտանում յուր մեջ յուր այդ անգին գանձով: Նա ամբողջ աշխարհիս երեսին իեն ամենաերջանիկն էր կարծում: Շատ անգամ նա սրտի սաստիկ, բայց քաղցր բաբախմամբ առնում էր յուր կնոջ փոքրիկ, սիրուն, քնքուշ, մարմարանման ձեռքերն և, նրանց վրա ջերմ համբույրներ դրոշմելով, անդադար կրկնում էր. «Ո՜րքան ես քեզ սիրում եմ.., ո՜րքան երջանիկ եմ... Եթե Սողոմոնը գիտենար, որ մի ժամանակ մենք աշխարհ ենք գալու, նա չէր ասիլ «մարդ կարող չէ յուր մահից առաջ երջանիկ կոչվիլ»: Կինը ծիծաղում էր:

Բայց շուտով մայրաքաղաքի հեշտալից կյանքը փչացրեց իշխանուհի Մելիքյանի առանց այն էլ վաղուց արդեն փչացած բնավորությունը: Ի բնե հպարտ լինելով յուր գեղեցկությամբ, նա առավել ևս վեր քաշվեցավ, երբ տեսավ, որ յուր վրա այնքան մեծ ուշադրություն են դարձնում: Նրա քմահաճությունները բազմացան: Այնուհետև նրա բանն ու գործը եղավ՝ ծառայել յուր արտաքին տեսքի գեղեցկության ավելի կատարելագործելուն, որի համար նա անում էր անլսելի շռայլություններ զանազան նորամոդային հանդերձեղենների և կանացի արտաքին զարդարանքների վրա: Նա սկսեց բավական աչքի ընկնող խնջույքներ և երեկույթներ էլ պատրաստել յուր իշխանական պալատանման տներում: Շուտով նրա անունը հռչակվեցավ: Բայց նա զոհ չմնաց ռուսաց մայրաքաղաքի կյանքով, նա կամեցավ նոր երկրներ, նոր քաղաքներ տեսնել և նրանց համն էլ առնել:

Իհարկե, նրանցից առաջին տեղը բռնում էր Փարիզը: Այո՛, Փարիզը այդ ռոմանների ու մոդաների ամենահարազատ մայրը... Դեռ նա տասներեք տարեկան էր, որ Ֆրանսիայի մայրաքաղաքը գրավում էր նրա մանուկ հոգին դեպի յուր դյութություններն, երբ նա՝ ամբողջ ժամերով մի որևիցե ռոման ձեռքին՝ մեծ հետաքրքրությամբ և ուշիուշով կարդում էր գեղեցիկ կոմսուհիների շքեղաշուք բուդուարների նկարագրությունները, մի որևիցե երիտասարդ վիկոնտի և մարկիզուհու սիրային արկածները, կոկետի հեշտալից կյանքն և այլն, և այլն: «Ա՜խ, ի՜նչ հիանալի կլինի, եթե ես ոտք կոխեմ այդ տեղերումս», — մտածում էր այդ ժամանակ Թիֆլիսի կալվածատիրոջ տասներեք տարեկան աղջիկը Եվ այդ ցանկությունն այժմ կամեցավ իրագործել: Վերջապես արիստոկրատ լինել և Փարիզը չտեսնե՜լ, մի՞թե այդ երևակայել անգամ կարելի է... նա ոչ թե խնդրեց ամուսնուն, որ կամենում է Փարիզ գնալ, այլ հրամայեց... և նրան պաշտող թուլամորթ ամուսինը չէր կարող նրա հրամանը չկատարել, նա մինչև անգամ ուրախ էր, որ կարողանում է յուր պաշտելի կնոջ հաճույքը, ցանկությունը կատարել: Նրանք գնացին Փարիզ: Ավելորդ է ասել, թե հենց առաջին օրից ի՜նչ տպավորություն գործեց Ֆրանսիայի և բոլոր աշխարհի այդ մայրաքաղաքն ամեն տեսակ ճոխությունների և շքեղությունների սիրահար իշխանուհի Մելիքյանի վրա: Ավելորդ է նույնպես ասել, թե ի՜նչեր արեց նա այնտեղ, ինչեր չարեց... միայն երկու տարուց հետո, շրջելով գրեթե ամբողջ նշանավոր Եվրոպան, նա վերջ ի վերջո ակամայից վերադարձավ Պետերբուրգ: Նոր էր վերադարձել նա Պետերբուրգ, երբ մի հեռագիր ստացավ, որի մեջ հայտնում էին նրան, որ հայրը մերձիմահ հիվանդ է և շուտափույթ պահանջում է նրան՝ վերջին անգամ օրհնելու և ժառանգությունը նրան կտակելու: (Իսկ նրա մայրը մի տարի առաջ էր մեռել, այսինքն այն ժամանակ, երբ նա ճանապարհորդում էր): Նա շտապեց դեպի Թիֆլիս, ո՜չ թե որդիական սիրուց և պարտաճանաչությունից դրդված (նրա մեջ վաղուց էին մեռած որդիական զգացմունքները), այլ նրա համար, որ ստանա հոր ահագին ժառանգությունը: Նա այն ժամանակ հասավ Թիֆլիս, երբ հայրն արդեն դիակնացած էր, իսկ կտակը՝ պատրաստի: Նա այնքան էլ չցավեց հոր մահվան վրա, բայց ուրախացավ կտակի համար: Հորը թաղեց նա մոր կողքին, մի քանի կարգադրություններ արեց ժառանգական բազմաթիվ կալվածքների վերաբերությամբ և դարձյալ սլացավ դեպի մայրաքաղաք:

Դեպի ամուսինն, ինչպես արդեն ասացինք, նա հենց սկզբից ոչինչ սեր չէր զգում, բացի երախտագիտության զգացմունքից, եթե միայն կարելի է այդպես անվանել այն զգացմունքը, որ ծնվել էր նրա մեջ դեպի երիտասարդ իշխանը նրա համար միայն, որ այս վերջինս էր եղել պատճառը, որ նրա փառասիրական բոլոր ցնորքներն ու ձգտումներն իրագործվել էին: Սակայն այդ զգացմունքն էլ երկար հյուրընկալություն չկարողացավ գտնել իշխանուհի Մելիքյանի նման մի հպարտ կնոջ սրտում: Երբ նա արդեն կշտացավ ամեն բանով, ինչ որ առաջ յուր համար գրեթե անիրագործելի էր համարում, երբ նա արդեն ծանոթացավ յուր վաղուց ի վեր հոգով ցանկացած բաների հետ, և նրա աչքերին ոչինչ այլևս արտասովոր բան չէր երևում — նա ամուսնուն այլևս բոլորովին աչքից գցեց: Նա հետզհետե ավելի ու ավելի սկսում էր ձանձրանալ ամուսնուց, որ դարձյալ շարունակում էր նրան սուրբի տեղ պաշտել: Քմահաճ կնոջը չէին դուր գալիս միամիտ ամուսնու անմեղ սիրային, անմեղ խոսքերն և համբույրները... Շատ անգամ նա բացարձակապես արտահայտում էր յուր զզվանքը: Ամուսինը մնացել էր սառած, տարակուսած:

Օգուտ քաղելով ամուսնու թույլ և բարի բնավորությունից, նա, ինչպես ասում են, սանձը բոլորովին թողեց: Պտտվելով անդադար մայրաքաղաքի ազնվական, թեթևամիտ, գեղեցիկ երիտասարդների շրջանում, նա արդեն գրավել էր դեպի ինքն երկրպագուների մի ահագին լեգեոն, որից ամեն մեկը պարահանդեսում, երեկույթներում և հազար ու մի այդպիսի տեղերում, իրեն հատուկ անգիր սերտած սիրապատիր խոսքերով, բարձրացնում էր նրան մինչև Ոլիմպոսի աստվածուհիների տարփածու կայանը... ոչինչ նրան այնքան չէր դուր գալիս և նրա հպարտությունը, փառասիրությունը կրկնապատկում, որքան այն, որ այդ ազնվական գեղեցիկ երիտասարդները միշտ քծնվում էին նրա շուրջը և համբուրում շան նման լիզում նրա ձեռքերը, նրա շրջազգեստի ծայրերը: Տասներեք տարեկան հասակում, երբ նա ռոմաններ էր կարդում, այդպես էին անում և՛ գլխավոր հերոսուհի-կոմսուհիներին, մարկիզուհիներին:

Անցան տարիներ, և մայրաքաղաքի հայտնի շրջաններում սկսվեցան բամբասանքներ իշխանուհի Մելիքյանի մասին: Մասամբ սուտ, մասամբ ստույգ զանազան լուրեր սկսեցին մի նախանձախնդրի բերանից հաղորդվել մյուսին և այդպիսով տարածվել այդ բանով հետաքրքրվողների մեջ: Այդ լուրերից մի քանիսը չհապաղեցին հասնել և իշխան ամուսնու ականջին, որոնք նրա թույլ և ազնիվ սրտի վրա մեծ ազդեցություն ունեցան:

Այնուհետև հազար ու մի դառն մտածմունքներ շատ գիշերներ խլեցին նրա աչքերից, սիրելի, պաշտելի կնոջ կասկածելի կյանքը, մանավանդ որ նրան կից էր և՛ յուր՝ մինչև այժմ ազնիվ, հարգված անունը — նրա սոսկալի մտատանջությունների պատճառը դարձավ, որոնց հետևանքն այն եղավ, որ նա ամենածանր կերպով հիվանդացավ թոքախտով և, չնայելով բժիշկների ջանքերին, մի քանի ամսից հետո մեռավ:

Ամուսնու մահը մանկահասակ իշխանուհուն այնքան չվշտացրեց, որքան այդ պետք է մի կնոջ, որն եթե ոչ սիրել, գոնե ընդերկար ապրել է յուր ամուսնու հետ, որի կողմից, բացի անկեղծ սիրուց, անվերջ գուրգուրանքից, ոչ մի վատ բան չէ տեսել, ո՛չ մի վատ խոսք չէ լսել: Բայց որպեսզի ընդհանուր կանոնից և քաղաքավարության ու ազնվության սահմանից անցած չլինի, նա մի քանի ամիս «սուգ պահեց»: Նա դրանով ոչինչ չկորցրեց, այլ, ընդհակառակն, ավելի հետաքրքրելի դարձավ շրջապատողների մեջ... Այնուհետև նա նույն գեղեցիկ, մանկահասակ, բայց այժմ ավելի քնքշացած, ավելի սիրելի դարձած իշխանուհի Մելիքյանն էր, ինչ որ առաջ: Այժմ նա արդեն բոլորովին ազատ էր և անկախ, մանավանդ որ, ամբողջ վեց տարի ամուսնացած լինելով, ոչ մի զավակ չուներ...

Ամուսնու մահից հետո անցան դարձյալ տարիներ, և մայրաքաղաքի աղմկալից կյանքը ձանձրացրեց իշխանուհի Մելիքյանին: Նա վերադարձավ յուր հայրենիքը — Թիֆլիս՝ առաջինը փոքր-ինչ հանգստանալու և երկրորդն — այցելելու յուր ժառանգական կալվածները, որոնք երկար ժամանակ գրեթե անտեր էին մնացած: Թիֆլիսում, որովհետև նա բոլորովին մենակ էր, այդ պատճառով կամեցավ տեսակցել գիմնազիոնական յուր նախկին ընկերուհիների հետ, որոնցից այդ ժամանակ շատերն արդեն ամուսնացած և զավակների տեր էին դարձած, որոնցից էր և Նունեն — այժմ տիկին Հարունյանը: Վերջինիս նա հանդիպեց նրա ամուսնու հետ, ինչպես գիտենք՝ ամառային թատրոնում:

Գ

ԵՐԿՈՒ ՎԱՂԵՄԻ ԸՆԿԵՐՈՒՀԻՆԵՐԸ

Երկարատև անջատումից հետո կրկին տեսակցությունը չափազանց մեծ ուրախություն էր պատճառել երկու նախկին սիրելի և ամենամոտ դասակցուհիներին, որոնք դեռ երկար ժամանակ շարունակում էին ժպտալ միմյանց աչքերին: Եթե տեղը ներեր, գուցե նրանք այդ ժամանակ միմյանց գրկի մեջ լինեին և կարոտալից համբույրներ լինեին տալիս միմյանց:

— Ես քեզ սաստիկ ցանկանում էի տեսնել, Նունե, — ասաց իշխանուհի Մելիքյանը, — և այժմ զարմանում եմ, թե ի՛նչպես դեպքը հանդիպեցրեց մեզ միմյանց:

— Իսկ ես երազել անգամ չէի կարող, որ քեզ երբևիցե կարող եմ այստեղ պատահել, — ասաց յուր կողմից տիկին Հարունյանը: — Ես կարծում էի, որ դու նախկին սիրելի ընկերուհիներից վաղուց արդեն մոռացած կլինես, որովհետև քեզնից ոչ մի տեղեկություն չունեինք, և ամենքս էլ ակամայից ստիպված էին քեզ մոռացության տալ... Ա՜խ, Սոֆիա, սի՜րելի, ո՜րքան բան ունեինք խոսելու... հարցնելու միմյանց, այդպես չէ՞... Ե՛կ մեր օթյակը, Սոֆիա... Դու մենա՞կ ես եկել:

— Ինչպես տեսնում ես, — պատասխանեց իշխանուհի Մելիքյանը, — ժպտալով:

— Ուրեմն ե՛կ մեր օթյակը: Ես քեզ կծանոթացնեմ ամուսնուս հետ:

Իշխանուհի Մելիքյանը, որ մինչև այդ ժամանակ, ըստ երևույթին, չէր տեսնում պարոն Հարունյանին, յուր ընկերուհուց ամուսին բառը լսելուն պես դեմքը դեպի նա դարձրեց և, կիսախուփ աչքերով նրա վրա մի քննական հայացք ձգելուց հետո՝ դուրս գնաց յուր օթյակից ու իսկույն, պենսնեն ձեռքին պտտեցնելով, հայտնվեցավ Հարունյանների օթյակում:

Տիկին Հարունյանը ներկայացրեց նրան յուր ամուսնուն, որն, իսկույն տեղից վեր կենալով, իրեն հատուկ ծանրախոհ քաղաքավարությամբ, որ գրեթե սառն ընդունելության էր նմանում, գլուխ տվավ նրան և իսկույն նեթ առաջարկեց նրան յուր աթոռը օթյակի առաջնակողմում:

Իշխանուհի Մելիքյանը ժպտալով հայտնեց նրան յուր շնորհակալությունն և ձգվեցավ առաջարկած աթոռի վրա:

— Դու էլ խո արդեն ամուսնացել ես, Նունե, — ասաց նա նույն ժպիտը դեմքին և շարունակելով պեննսնեն ձեռքին պտտեցնել: — Շնորհավորում եմ:

— Օ՜, իհարկե, ես չէի կարող միշտ օրիորդ մնալ, — պատասխանեց տիկին Հարունյանն ուրախ ծիծաղելով և նստելով նրա մոտ, յուր աթոռի վրա:

— Ահա հինգերորդ տարին է, ինչ ես ամուսնացած եմ, և այժմ մի փոքրիկ սիրուն աղջկա մայր եմ... բացի դրանից, պետք է ասեմ, որ ես երջանիկ եմ և այն կողմից, որ իմ ամուսնուց շատ գոհ եմ:

Իշխանուհին նշանավոր կերպով ժպտաց այդ խոսքերի վրա և նայեց պարոն Հարունյանին, որ նույնպես ուշադրությամբ նայում էր այդ գեղեցիկ կնոջը:

— Տեսնում եք, որպես ձեր կինը գովում է ձեզ, պարոն Հարունյան, — ասաց նա նրան մի այնպիսի եղանակով, որ կարծես նրա հետ երկար ժամանակից ի վեր և մոտ հարաբերություն ուներ: — Նայելով ձեր բարի և խելացի դեմքին, ես չեմ կարծում, որ ձեր կինը չափազանցնելիս չլինի, և կարծում եմ, որ դուք նույնքան գոհ պիտի լինեք նրանից, որքան և նա ձեզանից:

Պարոն Հարունյանին թեպետ դուր չեկավ այդ ընտանի եղանակը, որով արտասանեց նա այդ բառերը փորձող ու իրեն բարձր բռնող մարդու հանձնապաստանությամբ, մանավանդ նոր ծանոթի վերաբերությամբ, որպիսին էր ինքը, — բայց և այնպես, զգալով նրա մի առանձին կերպով ժպտող գեղեցիկ աչքերի խոր ազդեցությունը, պատասխանեց նույնպես ժպտալով.

— Դուք այսուհետև այդ բանի մեջ համոզված կարող եք լինել, իշխանուհի:

— Բայց ե՞րբ ես եկել, Սոֆիա, մոռացա հարցնել, — հանկարծ հարցրեց տիկին Հարունյանը, որ դարձյալ շարունակում էր կարոտալից նայել իշխանուհի-ընկերուհու աչքերին:

— Այս երրորդ օրն է, ինչ ես Թիֆլիսումն եմ:

— Մենա՞կ ես եկել Պետերբուրգից... ամուսինդ ո՞րտեղ է:

Իշխանուհի Մելիքյանը հայտնեց, որ ահա հինգերորդ տարին է զնում, ինչ յուր ամուսինը մեռել է թոքախտից: Այդ բանը շատ վշտացրեց տիկին Հարունյանին և սաստիկ կոտրեց նրա ուրախ տրամադրությունը: Նա ծանոթացել էր Սոֆիայի երիտասարդ իշխան-ամուսնու հետ, երբ նրանք դեռ նշանված էին: Նա շատ ափսոսաց և հայտնեց յուր անկեղծ ցավակցությունը, բայց մի բան, որ շատ զարմացրեց նրան, այդ իշխանուհու անտարբերությունն էր, որով նա հաղորդեց յուր ամուսնու մահը, կարծես այդ հասարակ և իրեն չվերաբերող մի դեպք լիներ: Ոչինչ ակնհայտի պատճառ չգիտենալով, նա ստիպված էր այդ վերագրել ավելի ժամանակին, որ գուցե մոռացնել էր տվել նրան այդ վիշտը, քան նրա անտարբերությանը դեպի ամուսնու հիշատակը:

Այնուհետև իշխանուհին սկսեց պատմել յուր անցյալից, յուր ճանապարհորդությո՛ւնից, յուր Պետերբուրգում վարած կյանքից: Նա հայտնեց, թե ինչու համար է եկել Թիֆլիս և որքան ժամանակ է մտադիր այնտեղ մնալու: Նա այդ բոլորը պատմում էր իրեն հատուկ անսխալ արագախոսությամբ և ազնվական քաղաքակիրթ կնոջը վայել համարձակությամբ ու միմիկաներո՛վ: Նայելով ընդ նմին երբեմն տիկին, երբեմն պարոն Հարությանին:

Վերջինս նստած բոլորովին հանդարտ, ըստ երևույթին, լսում էր նրան հետաքրքրությամբ, բայց նա իսկապես զբաղված էր այն մտքով, թե ի՛նչ տեսակ կին էր այդ կինը: Տակավին յուր կյանքի մեջ նա այդպիսի չքնաղ, համարձակ, շարժուն և ոչ մի բանից չքաշվող կին չէր տեսել: Մանավանդ նրան հիացնում էին նրա երկար թերթերունքներով կրակոտ, թուխ աչքերը, որոնց երբեմն յուր վրա գցած թափանցող հայացքներին նա հազիվ էր կարողանում դիմանալ, չնայելով յուր բոլոր սառնությանն ու անտարբերությանը: Այդ աչքերի մեջ նա զգում էր անհաղթ համարելի մի տեսակ ուժ, որ կոչվում էր «կնոջ ուժ», այնպես որ, նա կարծում էր, եթե այդ աչքերը խլեին նրանից և դրանց տեղը դնեին ուրիշ աչքեր, նրա գեղեցկության ազդեցությունը ավելի քան կիսով չափ կթուլանար: Հենց առաջին հայացքից այդ աչքերը նրան վտանգավոր թվացին: Բայց մի բան նրան բո՛լորովին զարմանալի և անհասկանալի էր — այն է՝ թե ինչու այդ կինը նրան այդպես արտասովոր կերպով է նայում, նրա հայացքները, կարծես, նրան փորձում, զննում, քննում էին... Եթե նա այդ վերագրում է նրա սովորությանը, առանձնահատկությանը, բայց այդ միևնույն աչքերը նայում էին յուր կնոջը կամ ուրիշներին սովորական կերպով, եթե վերագրում է նրա նոր ծանոթությանն, երբ առհասարակ նոր ծանոթներն առաջին անգամ սկսում են միմյանց խոր դիտել, որպեսզի լավ տպավորեն իրենց մեջ միմյանց կերպարանքը, բայց նրա հայացքները չափից անցնում էին... Ինչնիցե: Բայց բանը սրանումն է, որ այդ միննույնը զգում էր և՛ յուր վերաբերությամբ դեպի նա: — նա չէր կարողանում նայել այդ գեղեցիկ կնոջը սովորական կերպով: Ակամայից, ինքն էլ չհասկանալով թե ինչու, նա կամենում էր միշտ նայել նրա կրակոտ, թուխ աչքերին...

Օրկեստրն արդեն լռել էր: Ներկայացման նշանակյալ ժամանակամիջոցը լրացել, և վերնահարկն անհամբերությամբ ծափահարում էր: Լսվում էր և մի քանի ձեռնափայտերի թխկթխկոց հատակի վրա, չնայելով, որ այդ արգելված է, որպեսզի թատրոնում թոզ չբարձրանա: Հնչվեցավ փոքրիկ զանգակի ձայնը, որ արդեն երրորդ անգամն էր, և վարագույրը բարձրացավ:

Իշխանուհի Մելիքյանը, շատ բան, հետևաբար և անթիվ այդպիսի ներկայացումներ տեսածի նման, մի անգամ նայեց բեմին և, այնտեղ տակավին ոչինչ չգտնելով, շարունակեց ցած ձայնով յուր զրույցը տիկին Հարությանի հետ: Իսկ պարոն Հարությանը, որքան էլ աշխատում էր յուր աչքերն ու ո՛ւշքն ու միտքը կենտրոնացնել բեմի վրա, այնուամենայնիվ չէր կարողանում երբեմն իշխանուհուն չնայել և չպատասխանել նրա մի քանի հարցերին հայոց թատրոնի վերաբերությամբ, որի մասին այդ հայ քաղաքակիրթ կինը գրեթե ոչինչ տեղեկություն չուներ: Պետք է ասած, ի դեպ, որ իշխանուհին շատ քիչ էր հետաքրքրվում այդպիսի գործերով ընդհանրապես և հայոց այդպիսի հիմնարկություններով՝ մասնավորապես: Բայց ի՞նչպես էր եղել, որ այդ գիշեր նա եկել էր թատրոն և այն էլ հայ թատրոն: Իհարկե, «բարեգործական նպատակը» չէր լինիլ դրա պատճառը, այլ նա եկել էր կամ մենակությունից ձանձրանալով, կամ ցույց տալու յուր խոշոր գեղեցկությունն, ինչպես այդ հատուկ է ընդհանրապես նրա նման կանանց:

Խաղամիջոցի ժամանակ պարոն Հարությանը շաքարեղեն առաջարկեց իշխանուհուն ու կնոջը, իսկ ինքը դուրս գնաց ծխախոտ ծխելու: Սրահում կանգնած՝ նա ծխախոտ էր ծխում և անուշադիր կերպով նայում էր առջևը զբոսնող ժողովրդին: երբ տեսավ յուր առաջ իշխանուհուն և կնոջը՝ միմյանց թև թևի տված:

— Ի՞նչ եք այդպես խոր մտածում, պարոն Հարության, — ասաց իշխանուհին ժպիտը դեմքին, նայելով նրա աչքերի մեջ:

Պարոն Հարունյանն ակամայից, բայց աննկատելի կերպով շփոթվեց նրա hանկարծակի hայտնվելուց և առավելապես նրա ժպտող գեղեցիկ աչքերից, որո՛նք կարծես ուզում էին թափանցել նրա ներսը և իմանալ, թե ինչ է կատարվում այնտեղ այդ րոպեին:

— Ոչինչ, — պատասխանեց նա մեքենայաբար:

— Ես կարծում էի, թե խաղը ձեզ վրա ազդել է:

— Ոչ, — նույն կերպով պատասխանեց պարոն Հարունյանը:

Այդ պատասխանը բավական կոպիտ թվաց իշխանուհուն, եթե պարոն Հարունյանն ազնիվ և պատկառելի տեսք չունենար, նա կկարծեր, որ յուր առաջ կանգնած է մի անտաշ, անքաղաքավարի մարդ, որ չգիտե, թե նրա պես մի իշխանազն գեղեցիկ կնոջ հետ ինչպես պետք է խոսել: Նա աչքերն յուր սովորության համեմատ կիսախփեց և խոր նայեց պարոն Հարունյանի դեմքին, կարծես ստուգելու համար, որ չլինի թե իսկապես նա անտաշ, անքաղաքավարի մարդ է, բայց, ըստ երևույթին, ոչինչ հետևանքի չհասնելով, նա նորից ժպտաց և ասաց.

— Կարելի է ասել, որ ես առաջին անգամն եմ տեսնում հայերեն ներկայացում, և պետք է ասած, որ ձեր այս դերասանները բավական լավ խաղում են... ես գոնե այս հույսը չունեի հայ դերասաններից:

— Սրանք մշտական խմբի դերասանները չեն, իշխանուհի, — պատասխանեց պարոն Հարունյանը, — սրանք թատրոնասերներ են:

— Մի՞թե, — զարմացավ իշխանուհին: — Եթե թատրոնասերներն այդքան գեղեցիկ են խաղում, ուրեմն կարելի է նրևակայել, թե մշտական խմբի դերասաններն ի՞նչպես կխաղան:

— Շատ անգամ դրանցից վատ, իշխանուհի, որովհետև այդ արվեստը թատրոնասերները հազարապատիկ ավելի լավ են հասկանում, քան մշտական խմբի շատ դերասանները, որոնք մեծ մասամբ զուրկ են բեմական արվեստի մի որևէ ընդունակությունից:

Խոսակցությունն անցավ օտարազգիների թատրոնական գործի մասին: Իշխանուհին թվեց եվրոպական մի քանի հռչակավոր դերասանների և դերասանուհիների անուններ, որոնց խաղին անձամբ ներկա էր եղել Եվրոպայում ճանապարհորդելիս, նա խոսեց և դրանց խաղի մասին գործին տեղյակ մարդու հանձնապաստանությամբ: Խոսեց և՛ եվրոպական ուրիշ հետաքրքիր և նշանավոր հիմնարկությունների մասին: Նա խոսում էր այնքա՛ն գեղեցիկ, պատմում էր այնքա՛ն կենդանի և ոգևորությամբ, որ տիկին Հարունյանը մինչև անգամ հայտնեց նրան յուր ցավակցությունը, որ ինքը դժբախտաբար կարող չէ տեսնել ոչ մեկն այն բոլորից, որոնց մասին նա խոսում և պատմում էր:

— Ինչո՞ւ, — զարմացած հարցրեց իշխանուհին:

— Որովհետև դրա համար հարկավոր է ճանապարհորդել:

— Դե՛հ, էլ ինչո՞ւ չես ճանապարհորդում, այդտեղ ի՞նչ դժվարին բան կա:

Պատասխանի փոխարեն տիկին Հարունյանը փոքր-ինչ կարմրեց և աչքի տակից նայեց ամուսնուն այնպիսի մի հայացքով, որ, կարծես, ասում լիներ. «Այդ նա գիտե, նրանից է կախված»:

Իշխանուհին հասկացավ այդ հայացքն և նայեց պարոն Հարունյանին:

— Ինչո՞ւ ձեր կնոջ հետ չեք ճանապարհորդում, պարոն Հարունյան, — հարցրեց նա: — Ճանապարհորդությունը խո սքանչելի բան է:

— Տակավին մի առանձին պահանջ ճանապարհորդության մենք չենք զգում, իշխանուհի, — պատասխանեց լրջորեն պարոն Հարունյանը: — Եվ, բացի դրանից, իմ կարծիքով, համեստ և հանգիստ կյանքն ավելի քաղցր է. իսկ այդպիսի կյանքին մենք սովոր ենք և սիրում ենք:

Իշխանուհին այդ խոսքերի վրա ավելի խոր նայեց նրա բոլորովին լուրջ դեմքին, նրա հայացքը ցույց էր տալիս, որ մի այդպիսի օտարոտի դատողություն ճանապարհորդության վերաբերությամբ՝ նա բոլորովին չէր սպասում պարոն Հարունյանի կողմից: Բայց նա ոչինչ չգտավ պատասխանելու և մնաց լուռ: Լուռ էին և Հարունյանները: Սակայն այդ լռությունը միայն մի րոպե տևեց, և խոսակցությունը շարունակվեց այս անգամ ուրիշ բաների մասին: Իշխանուհին յուր թե՛ գեղեցկությամբ, թե՛ խոսակցությամբ ու շարժումներով գրավել էր ընդհանուրի ուշադրությունը: Պճնասեր, եսամոլ և հպարտ կանայք, ինչպես այդ լինում է միշտ, նախանձում էին նրա գեղեցկությանը, իսկ տղամարդիկ...

Պարոն Հարունյանն ընտելացավ իշխանուհու՝ յուր վրա գցած

առանձին հայացքներին, նա հասկացավ այդ հայացքներն, և այնուհետև ամեն անգամ, նրանց հանդիպելիս, նա ամեն կերպ աշխատում էր նրանց սառնասրտությամբ ու անտարբերությամբ տանել, բայց միևնույն ժամանակ նա մութ կերպով զգում էր, որ յուր մեջ ինչ-որ կատարվում էր, ներքին կռվի նման մի բան, մի շատ աղոտ բան, այնպես որ, նույն րոպեին նա հազիվ կարողանար հաշիվ տալու իրեն, թե ինչ է իսկապես...

Ներկայացումը վերջացավ: Բաժանվելիս՝ Հարունյաններն, առավելապես տիկինը, խնդրեցին իշխանուհի Մելիքյանից, որ գա հետևյալ օրն իրենց տունը, շնորհ անե, որի համար և նրան տվին իրենց հասցեն: Իշխանուհին համաձայնեցավ:

— Առանց ձեր խնդրելու էլ ես նեղություն պիտի տամ Ձեզ, — ասաց նա ծիծաղելով և սեղմելով նրանց ձեռքը: — Բացի ձեզանից ես այստեղ, կարելի է ասել, ուրիշ ոչ մի բարեկամ չունիմ և այդ պատճառով ձեզ հանգստություն չպիտի տամ իմ այցելություններով, ինչպես, իհարկե, և դուք ինձ:

— Մեր տան դռները ձեր առաջ միշտ բաց կլինեն, իշխանուհի, — ասաց պարոն Հարունյանը, որի իշխանուհու խոսքերն և ուրախություն պատճառեցին, և մի տեսակ բան, որ ավելի մի անորոշ, մութ երկյուղի էր նման:

Իշխանուհին նրանց բարի գիշեր մաղթեց և նստեց յուր սեփական գեղեցիկ կառքը, որ սպասում էր նրան թատրոնի դռների մոտ: Ծեր կառապանն իսկույն մտրակեց ճարտուկ, անհանգիստ նժույգներին, և կառքը փափուկ, թեթև կերպով առաջ սլացավ:

Հարունյանները նույնպես մի կառք նստեցին և գնացին իրենց տուն:

Դ

ՄԻ ՈՒՐԻՇ ՀՅՈՒՐ

Հետևյալ օրը շաբաթ էր և տոն: Հարունյաններն սպասում էին իրենց թանկագին հյուրին, բայց նա ուշանում էր: Տիկին Հարունյանն այդ օրը շատ ուրախ էր, նա անդադար դուրս ու տուն էր անում, համբերությունից դուրս էր գալիս, թե ինչո՛ւ յուր սիրելի ընկերուհին այնպես ուշանում է: Ըստ երևույթին, պակաս ուրախ տրամադրության մեջ չէր և պարոն Հարունյանը: Ամեն օր միշտ լուրջ և զգաստ լինելով, այդ օրը նրա դեմքից չէր հեռանում քաղցր ժպիտը, որ նրա ազնիվ դեմքին մի տեսակ փայլ և պայծառություն էր տալիս: Չնայելով, որ նա առաջ էլ խաղում էր յուր սիրելի փոքրիկ Հայկանուշի հետ, բայց այդ օրը կրկնապատկել էր յուր խանդը դեպի նա: Նա մինչև անգամ իրեն գազան կամ մի ուրիշ բան էր ձևացնում, որի վրա երեխան շատ ուրախանում էր ու կրկչում: Պարոն Հարունյանն ինքն էլ չէր հասկանում, թե ինչու այդ օրն յուր սովորական դրությունից դուրս էր եկել, այս միայն նա գիտեր, որ մեկին սպասում էր: Լա՛վ, ի՞նչ անենք որ... Մի՞թե առաջին անգամն է այդ, որ նա մեկին սպասում է... Ինչո՞ւ ուրիշներին սպասելիս նա միևնույն այդ ուրախ տրամադրության մեջ չէր լինում... կամ ո՞վ է նա, որին այսօր սպասում է. ի՞նչ պիտի բերե նա նրա համար, ի՞նչ մի լավ բան, ի՞նչ մի ուրախալի լուր, որից հենց առաջուց նրա սիրտը ցնծում է: — Նա մի նոր ծանոթ է, ուրիշ ոչինչ, և միայն հյուր պիտի գա նրանց մոտ: Դեհ, շա՛տ բարի, ուրեմն էլ ի՞նչ կա այդտեղ այդպես ուրախանալու, ցնծալու... Հյուր է գալու, թող գա և գնա, պրծանք, գնա՛ց: Հարյուրավոր հյուրերի է սպասել նա, բայց երբեք նրա տրամադրությունն այդպես չի լարվել... Սակայն, ո՛չ, այդտեղ մի ուրիշ բան կա... մի անբացատրելի բան, մի մութ բան, որի մեջ, որպես երկու փայլուն աստղեր, վառվում, շողշողում են երկու կրակոտ աչքեր... որի մեջ, որպես գարնանային երկու միանման թարմ, կարմիր թագուհի վարդեր, սաստիկ վառվում են երկու սիրուն գեղաժպիտ այտեր... վերջապես, որի մեջ, որպես անտառի ուշագրավ հեզասաղարթ շշնչյուն, լսվում է մի հրապուրիչ, քաղցրիկ ձայն...

Պարոն Հարունյանը նստած էր լուսամուտի մոտ՝ նույն օրվա լրագրի համարը ձեռքին: Նա ոչինչ չէր կարդում, չնայելով, որ աչքերը սևեռած էին լրագրի վրա: Նրա երևակայությունը հափշտակված էր...

— Ինչո՞ւ իշխանուհին այսպես ուշանում է, Ստեփանոս, — հանկարծ լսվեց նրա կնոջ ձայնը, որ իսկույն ևեթ հանեց նրան յուր անշարժ դրությունից:

— Իշխանուհի՞ն, — մեքենայաբար հարցրեց պարոն Հարունյանը, ձեռքին բռնած լրագիրը վայր թողնելով: Տիկին Հարունյանը կանգնած էր նրա առաջ:

— Այո: Շուտով ժամի տասը կլրանա:

— Ժամի տա՞սը, մի՞թե... իսկ ես մոռացել էի, որ ժամի տասին ուրիշ տեղ պիտի գնամ, — ասաց պարոն Հարունյանը ժամացույցին նայելով և տեղից վեր կենալով,

— Ո՞ւր:

— Մեկի մոտ կարևոր գործ ունիմ: Զարմանալի է, ժամի տասն է, իսկ ես կարծում էի, թե ինն է տակավին:

— Ուրեմն դու չե՞ս կարող սպասել իշխանուհու գալուն:

— Ոչ մի կերպ, սիրելիս... Բայց շուտով կվերադառնամ, շատ շուտով... Մի քանի խոսելու բան ունինք միայն:

Եվ ցիլինդրը ծածկելով, պարոն Հարունյանը դուրս գնաց:

— Հազիվ թե հինգ րոպե էր անցել նրա գնալուց, երբ ծառան շնչասպառ ներս մտավ, ավելի լավ է ասել ներս վազեց տիկին Հարունյանի մոտ, կանչելով.

— Տիկին, տիկին, պարոն Արմենակն եկել է...

— Արմենա՛կը, — կանչեց իսկույն տիկին Հարունյանն ուրախությամբ և հենց կամենում էր դուրս վազել սենյակից, նախասենյակում շտապ ու հաստատ քայլերի ձայն լսվեցավ: Չանցավ մի քանի վայրկյան — մի բարձրահասակ գեղեցիկ երիտասարդ, ճանապարհորդական փոշոտ հագուստով և ուսանողական գլխարկով ներս վազեց նրան հանդեպ և իսկույն ընկավ նրա գիրկը: Նորեկ երիտասարդը պարոն Հարունյանի կրտսեր եղբայրն էր և տիկին Հարունյանի տագրը:

— Նո՛ւնե, Նո՛ւնե... — կանչեց նորեկն անպատմելի և անգրի անցանելի ձայնով:

— Արմենա՛կ նույն ձայնով կանչեց և տիկին Հարունյանը:

Եթե կա մի րոպե, երբ մարդ ամենքին ու ամեն բան մոռանում է — այդ անշուշտ երկու սիրող, սրտակից բարեկամների երկարատև անջատումից հետո կրկին տեսակցության առաջին րոպեն է: Ամենայն դեպքում այդ րոպեն սուրբ է, ամենանվիրականը մարդու կյանքի մեջ: Այդ րոպեում, կրկնում ենք, ամեն բան մոռացվում է, և մարդ անմեղ մանկան է նմանում, թեկուզ ամենածանր վիշտ կրծելիս լինի նրա սիրտը, այդ րոպեին ոչինչ լավ է զգացվում, կարծես, այդ վիշտը չքանում է բոլորովին: Նրա սիրտն ակամայից հուզվում է, ցնծում է, թրթռում է, նրա աչքերում ակամայից արցունքի կաթիլներ, երջանիկ արցունքի կաթիլներ են ցոլում և առաջին բառը, որի արտասանության համար կա միայն մի բնական եղանակ, որ ոչ երաժշտական խազերով կարելի է արտահայտել և ոչ մեռած բառերով լինում է յուր սրտակցի անունը: Տիկին Հարությանն էլ էր սաստիկ սիրում յուր տագրին, այդ րոպեին բոլորովին մոռացել էր իշխանուհի Մելիքյանին, որին մինչև այդ րոպեն այնքան անհամբերությամբ սպասում էր: Նրա սերն այնքան մեծ ու անկեղծ էր դեպի յուր տագրը, որ առանց քաշվելու նա ուղղակի փաթաթվել էր նրա վզովն, և, անդադար կրկնելով նրա անունը, սեղմում էր նրան յուր կրծքին: Վերջապես նա ամուր համբուրեց նրա արևից այրված լայն ճակատը, որի վրայից ետ էր ընկել գլխարկն, և բաց թողեց նրան:

Արմենակը (մենք այսուհետև նորեկ երիտասարդին այսպես կկոչենք) իսկույն առավ նրա փոքրիկ, քնքուշ ձեռքերն և համբույրներով ծածկեց նրանց:

— Նո՛ւնե, ի՞նչպես ես, — կանչեց նա. — քանի՞ ժամանակ է չենք տեսել միմյանց, ամբողջ երկո՛ւ տարի... Եղբայրս ի՞նչպես է... փոքրիկ Հայկանուշն ի՞նչպես, նա այժմ մեծացած կլինի…

— Ամենքս ողջ և առողջ ենք, Արմենա՛կ... դու ի՞նչպես ես... ի՞նչպես վերջացավ հարցաքննությունդ, ավարտեցի՞ր...

— Արդե՛ն, արդե՛ն, սիրելի Նունե... Արդեն թափեցի վրայիցս ո՛ւսանողական փոշին...

— Եվ այժմ համալսարանական ես և իրավաբա՞ն... Ա՛խ, ո՛րքան ուրախ եմ, Արմենակ... Ստեփանոսն էլ ո՛րքան կուրախանա… Ա՛խ, երանի՛ փոքր-ինչ վաղ գայիր, նա գնաց դուրս… բայց ինչո՞ւ դու այդպես հանկարծ եկար և գալուդ մասին հեռագրով իմացում չտվիր, ինչպես այդ արել ես միշտ:

— Որովհետև ես կամեցա մեր տեսակցության այս քաղցր րո՛պեն ավելի քաղցրացնել և անցյալ տարվա ջիգրը հանել, որ այն ժամանակ չկարողացա գալ: Եվ ահա երկու տարվա կարոտն ես այժմ եմ հանում... Ա՛խ, Նո՛ւնե, ո՛րքան գեղեցկացել ես այժմ, ո՛րքան քնքշացել ես, — վերջապես կանչեց նա հիացած, բռնած ունենալով նրա ձեռքերն սիրով ու կարոտով նայելով նրա գեղաժպիտ աչքերի մեջ:

— Իսկ դու ավելի նիհարել ես, Արմենակ, երևի շատ էիր աշխատում:

— Օ՛հ, էլ մի՛ ասիր, Նունե. երևակայիր՝ վերջին տարին էր, մի րոպե հանգստություն չունեի... Բայց այդ մասին հետո, հետո:

Առայժմ... ա՛խ, փոքրիկ Հայկանուշիս ես խո բոլորովին մոռացել եմ, ո՞ւր է նա:

— Դայակի մոտ է... Ահա նա:

Այդ րոպեին դայակը՝ բռնած մի փոքրիկ, սիրուն, քնքշիկ աղջկա ձեռքից՝ ներս մտավ սենյակը:

Արմենակն երեխային տեսնելուն պես վազեց նրա առաջ և իսկույն առնելով նրան յուր գրկի մեջ, սկսեց համբուրել նրա փոքրիկ, քնքշիկ այտերը: Երեխան իրեն հասակին հատուկ զարմացմամբ և հետաքրքրությամբ նայում էր նրա աչքերին, երևի, ինքն իրեն հարցնելով, թե ո՛վ է նա, որ իրեն այնպես համբուրում է:

— Որքան մեծացել է, Նունե... ինձ չէ՞ ճանաչում չարը: Հայկանուշ, ինձ չե՞ս ճանաչում, ես ո՞վ եմ:

Երեխան յուր խելացի աչքերը դարձրեց մոր վրա, կարծես նրանից հարցնելով, թե ո՞վ է նա:

— Արմենակը, Արմենակը, Հայկանուշ, — հասկացրեց նրան ժպտալով մայրը, որ մի տեսակ, մայրերին հատուկ հրճվանքով ու խանդով նայում էր նրան:

— Ալմա՞կը, — թոթովեց երեխան՝ դարձյալ նայելով Արմենակին:

— Հա՛, չար, Ալմակը, — կանչեց ծիծաղելով Արմենակը պինդ համբուրելով նրա վարդագույն այտից: — Այդպես շուտ սովորիր անունս: Բայց սպասիր, մենք քեզ հետ ավելի մոտ կծանոթանանք, դեռ մի իրեղեններս ներս բերենք: Առայժմ, սիրելի Նունե, ինձ մի սենյակ տուր, որտեղ ես կարողանամ կարգի դնել իմ իրեղեններս, դուրսը կառքի վրա են:

— Ահա տեսնում ես, Արմենակ, եթե առաջուց հեռագրով հայտնած լինեիր գալուստդ, այժմ արդեն սենյակդ էլ պատրաստ կլիներ, ու ամեն բան էլ:

— Ոչի՛նչ, մի անկյուն տվեք, այն էլ ինձ բավական կլինի: Այնքան շատ բան չունեմ, գրքերիս ճամպրուկն է ու անկողինս, ուրիշ ոչինչ:

— Ո՞ր սենյակը կամենում ես՝ վերցրու, Արմենակ: Ստեփանոսի ննջարանին կից սենյակն ավելի լավ է, եթե կամենում ես:

Ա՛խ բոլորը միևնույն է ինձ համար:

Այս ասելով, նա երեխային վայր դրեց, նախապես պինդ և մի քանի անգամ համբուրելով նրա այտերը և դուրս գնաց: Նրան

28

հետևեց և տիկին Հարունյանը: Ծառան արդեն բարձրացրել էր նրա իրեղենները և սպասում էր նախասենյակում: Տիկին Հարունյանը հրամայեց նրան տանել այդ իրեղենները նշանակյալ սենյակն, իսկ ինքը տարավ Արմենակին և ցույց տվավ սենյակը: Նույն րոպեին դուրսը լսելի եղավ սաստիկ զանգահարություն:

— Ա՛խ, ինչպե՛ս մոռացել էի, որ այսօր հյուր ունենք, — կանչեց տիկին Հարունյանը՝ լսելով զանգակի ձայնը:

— Ծառան ամեն բան կարգի կդնե, Արմենակ. իսկ դու լվացվիր և հագուստդ փոխիր, — ավելացրեց նա շտապով, — Ես գնում եմ, մի թանկագին հյուր ունեմ ընդունելու:

Արմենակը կամենում էր հարցնել, թե ով է այդ թանկագին հյուրը, բայց նա արդեն դուրս էր վազել սենյակից:

Ե

ՈՒՐԱԽ ՕՐ

Արմենակն, ինչպես արդեն ասացինք, պարոն Հարունյանի կրտսեր եղբայրն էր: Մեծ եղբորից նա փոքր կլիներ ոչ ավելի, քան ութ տարով և շատ նման էր նրան, բայց նա չուներ յուր մեծ եղբոր երկար մորուքն և ավելի ազատ էր խոսակցության ու շարժումների մեջ: Հակառակ յուր մեծ եղբոր՝ նա շատ դյուրագրգիռ և տաքարյուն բնավորություն ուներ, ինչպես որ լինում են ընդհանրապես բոլոր երիտասարդները, մանավանդ ուսանողները: Երկու եղբայր միմյանց չափից դուրս սիրում էին և եղբայրական այդ անկեղծ սերը կարող էր շատ շատերին բարի օրինակ դառնալ: Նշանավորն այն էր, որ այդ սերը նրանց մեջ մնացել էր դեռ վաղ մանկությունից և պահվել էր նրանց սրտում մի այնպիսի անարատությամբ, որպիսին եղբայրների մեջ առասպելական պետք է համարել... Մինչև այդ հասակը նրանց մեջ մի չնչին երկպառակության, մի չնչին տարաձայնության նշան չէր երևացել երբեք: Ծնողների մահից հետո Ստեփանոսն յուր հոգաբարձության ներքո էր վերցրել յուր կրտսեր եղբորը: Ծնող հայրը չէր կարող այնպես հոգ տանել յուր հարազատ որդու դաստիարակության վրա, ինչպես այդ անում էր Ստեփանոսը յուր կրտսեր եղբոր վերաբերությամբ: Երբ Արմենակն ավարտեց գիմնազիոնը, Ստեփանոսը, տեսնելով նրա մեջ սեր և ընդունակություն դեպի ուսումը, ուղարկեց նրան համալսարան՝ ուսումը շարունակելու իրավաբանական բաժնում: Եվ այժմ, երբ մենք ծանոթանում ենք նրա հետ, ավարտել է ուսումը:

Ծառայի օգնությամբ նա լվացվեցավ. հետո հագուստը փոխեց և կես ժամից հետո՝ արդեն բոլորովին պատրաստ և հայելու առաջ կանգնած՝ սանրվում էր, երբ ներս վազեց տիկին Հարունյանը:

— Արմենա՛կ, — կանչեց նա, — վերջացրի՞ր, հագա՞ր... Եկ գնանք: Ես քեզ կամենում եմ ծանոթացնել մեր այսօրվա թանկագին հյուրի հետ:

— Այդ ի՞նչ թանկագին հյուր է, Նունե:

— Իշխանուհի Սոֆիա Մելիքյան, եթե ճանաչում ես... կամ լսել ես: Նա մինչև այժմ Պետերբուրգումն էր լինում:

— Իշխանուհի Սոֆիա Մելիքյա՞ն... — հանկարծ զարմացմամբ կանչեց Արմենակը, որ, ըստ երևույթին, բոլորովին չէր սպասում այդ բանը: Նա դադարեց սանրելուց և զարմանքից չռած աչքերով նայում էր յուր հարսի ժպտող դեմքին:

— Իշխանուհի Սոֆիա Մելիքյա՞ն, ասում ես...

— Ի՞նչ պատահեց քեզ, Արմենակ, — պակաս զարմացմամբ չհարցրեց յուր կողմից տիկին Հարունյանը: — Ինչո՞ւ այդպես զարմանում ես... Այո՛, իշխանուհի Սոֆիա Մելիքյան: Չլինի՞ թե բան գիտես նրա մասին...

— Բայց նա ո՛վ, մենք ո՛վ, որ մեր տուն հյուր է եկել:

— Նա իմ նախկին գիմնազիոնական ամենասիրելի ընկերուհին է: Մինչև այժմ Պետերբուրգումն էր լինում յուր իշխան ամուսնու հետ, որ սրանից հինգ տարի առաջ մեռել է թոքախտից, իսկ այժմ եկել է այստեղ յուր կալվածքներն աչքի անցնելո՛ւ: Երեկ գիշերը թատրոնում անսպասելի կերպով պատահեցի նրան ու խնդրեցի, որ այսօր մեր տուն շնորհ բերե, և նա այժմ եկել է: Դու նրան ճանաչո՞ւմ ես, Արմենակ:

— Այո՛... այնպես... Անունն այնտեղ շատ եմ լսել... նրան տեսել էլ եմ. բավական և, կարելի է ասել, անզուգական գեղեցկուհիներից մեկն է... Ամբողջ Պետերբուրգն, ինչպես ես էի լսում, հիացած էր նրա գեղեցկությամբ:

— Բայց ինչո՞ւ նրա անունը լսելուն պես դու այնպես զարմացար:

— Իհարկե կզարմանայի, ես բոլորովին չէի կարծում, որ նա այստեղ է կամ կարող է այստեղ լինել, մանավանդ, երբ դու ասացիր, որ նա քո նախկին ամենասիրելի ընկերուհին է և այժմ մեր տանն է:

— Այո՛, մեր տանն: Դե՛հ, շուտով վերջացրու, և գնանք, նա սպասում է:

Արմենակն արդեն վերջացրեց, հագուստն ուղղեց և առնելով յուր հարսի թևը, դուրս գնաց նրա հետ:

Իշխանուհի Մելիքյանը կանգնած էր սեղանի մոտ և ալբոմը ձեռքին թերթում էր, երբ տագր ու հարս ներս մտան հյուրասենյակը: Նրանց մտնելուն պես իշխանուհին վայր դրեց ալբոմը և շուռ եկավ:

Տիկին Հարունյանն Արմենակին ներկայացրեց իշխանուհուն, որ, ըստ յուր սովորության, պենսնեի միջից նախ լավ զննեց յուր նոր ծանոթին:

— Կարծեմ ես ձեզ տեսել եմ, — ասաց նա յուր մշտական սիրալիր ժպիտով և ավելի խոր նայելով Արմենակին: — Ձեր դեմքը ինձ ծանոթ է թվում:

— Շատ կարելի է, իշխանուհի, — պատասխանեց Արմենակը, փոքր-ինչ շփոթվելով նրա սուր, թափանցող հայացքի տակ, — որովհետև ես էլ ձեզ տեսնելու պատիվն եմ ունեցել: Դուք ինձ տեսած կլինեք Պետերբուրգում Պետրովների հետ...

— Պետրովների՞... այսինքն դուք ուզում եք ասել Պետրովի հետ, գվարդիայի կապիտան Պետրովի հետ, — հարցրեց շտապով իշխանուհին, որի դեմքի վրայով, Պետրովներ անունը լսելուն պես՝ բարկության արտահայտության նման մի բան վազեց:

— Նրանք երկու եղբայր են, իշխանուհի, մեկը — գվարդիայի կապիտան, որին դուք եք շնորհի անում ասել, իսկ մյուսն — ուսանողը, որ համալսարանում իմ սրտակից և ամենալավ ընկերն էր և որ ինձ հետ միասին ավարտեց:

— Ուրեմն դուք այդ Պետրովների բարեկա՞մն եք:

— Միայն ուսանողինը. իսկ գվարդիայի կապիտանի հետ նոր եմ ծանոթացել յուր եղբոր միջնորդությամբ և նրա հետ այնքան մոտ հարաբերություն չեմ ունեցել:

— Ա՜... — երկարացրեց իշխանուհին մի տեսակ խոր նայելով նրան:

— Ո՞վ է այդ գվարդիայի կապիտան Պետրովը, — հարցրեց

տիկին Հարունյանը, որը ոչինչ չէր հասկանում նրանց խոսակցությունից:

Տիկին Հարունյանն յուր այդ հարցով դարձավ իշխանուհուն, բայց վերջինս կամ չլսեց, կամ եթե լսեց էլ, չպատասխանեց, որովհետև այդ ժամանակ նա մի տեսակ փոխվեց, թեպետև աննշան կերպով, և այդ փոփոխությունը նկատելի եղավ միայն Արմենակին, որ յուր կողմից դեռ մի քանի վայրկյան խոր զննեց նրան, և երևի հասկանալով կամ վաղուց հասկանում էր այդ փոփոխության պատճառը, — շտապեց նրա տեղ պատասխանելու տիկին Հարունյանի հարցին:

— Գվարդիայի կապիտան Պետրովն, ինչպես արդեն կոչումը ցույց է տալիս, մի աստիճանավոր է, որ հայտնի է Պետերբուրգի բարձր շրջաններում յուր ազատ, բաց բնավորությամբ և բազմաթիվ սիրային արկածներով, որի համար և այնտեղ նրան Դոն-Ժուան են կոչում... նրա եղբայրն, ուսանողը, որ, ինչպես ասացի...

Նա չվերջացրեց յուր ասելիքն և մի վայրկյան ականջ դնելով նախասենյակում խոսակցության ձայնին, լսեց յուր եղբոր ձայնը, որ, ինչպես երևում էր, ծառայի հետ էր խոսում: Այդ ձայնը ճանաչելուն պես նա իսկույն ուրախությամբ վազեց դեպի դուռն, այնինչ դուռը բացվեցավ, և շեմքի վրա երևաց պարոն Հարունյանը:

— Եղբայր, — կանչեց Արմենակը փարելով նրա վզովն և համբուրելով նրան:

— Արմենա՛կ... — կանչեց յուր կողմից պարոն Հարունյանը գրկելով նրան: — Ծառան այժմ ինձ ասաց, որ դու եկել ես, բայց ես չէի ուզում հավատալ...

— Ինչո՞ւ:

— Որովհետև գալուդ մասին իմացում չէիր տվել, և ես կարծում էի, որ տակավին ուշ կգաս:

— Դու իրավունք ունիս. Նունեն էլ միևնույնն է կարծելիս եղել:

Պարոն Հարունյանն առաջ եկավ:

— Ա՛խ, իշխանուհի, — ասաց նա հանկարծ տեսնելով նրան ձգված բազկաթոռի մեջ՝ Նունեի մոտ, և շտապով մոտենալով նրան, սեղմեց նրա ձեռքը: — Դուք արդեն շնորհ եք բերել... Բայց ներեցեք ձեզ մի փոքր նկատողություն անելու, որ դուք ուշացաք, և ես կարծում էի, որ այսօր մենք կզրկվենք ձեր այցելության պատվից, ձեր քաղցր տեսությունից:

— Ներեցեք, որ ձեզ ակամայից սպասեցնել եմ տվել, — ասաց իշխանուհին, որին, ըստ երևույթին, պարոն Հարունյանի գալն ուրախություն էր պատճառել, նայելով նրա դեմքի արտահայտությանը, որ նրա ձայնը լսելուն պես փոխվել էր: — Այսօր հանկարծակի ինձ մի գործ պատահեց, այդ պատճառով ակամա ստիպված էի փոքր-ինչ ուշանալ, բայց և այնպես, հիշելով երեկվա ձեզ տված խոսքս, ես շտապեցի: Սակայն դեռ պետք է շնորհավորել ձեզ ձեր եղբոր գալուստը, պարոն Հարունյան, — ավելացրեց նա ժպտալով: — Դուք մի շնորհիքով եղբայր էլ եք ունեցել:

— Շատ շնորհակալ եմ, իշխանուհի... Պետք է ասած, որ ես այսօր չափազանց ուրախ եմ, առաջինը՝ որ ձեր այցելության շնորհին ենք արժանանում և երկրորդ՝ որ երկու տարի շարունակ անջատումից հետո իմ եղբորս ողջ և առողջ եմ ընդունում, և, իհարկե յուր նպատակին հասած: — Վերջին խոսքերի հետ պարոն Հարունյանը շուռ եկավ դեպի Արմենակը: — Այնպես չէ՞, Արմենակ:

Արմենակը պատասխանի փոխարեն միայն երջանիկ կերպով ժպտաց յուր եղբոր աչքերին:

— Մենք ձեզ կարող ենք խանգարել, — ասաց վեր կենալով իշխանուհին: — Ավելի լավ կլինի, եթե մենք դուրս գնանք, իսկ դուք մենակ առեք միմյանցից ձեր կարոտը: Գնանք դուրս փոքր-ինչ ազատ օդ շնչելու, Նունե:

— Ա՛խ, միևնույն է, իշխանուհի, — շտապեց պատասխանել պարոն Հարունյանը: — Մենք առանձին ոչինչ չունինք, իսկ դուք մեզ երբեք չեք կարող խանգարել:

— Բայց և այնպես ավելի լավ կլինի, եթե մենք ձեզ մենակ թողնենք, — ասաց իշխանուհին ծիծաղելով և առնելով տիկին Հարունյանի թևը: — Գնանք, Նունե:

— Գնանք, իրավ որ մենք էլ խո շատ բան ունենք խոսելու միմյանց հետ, Սոֆիա... Ա՛խ, Սոֆիա, ի՜նչ լավ օր լուսացավ այսօր մեզ համար, ո՞վ կարող էր կարծել, որ այսքան ուրախությունները հանկարծ կարող են տեղալ մեր գլխին:

Եվ նրանք դուրս գնացին պատշգամբը, որ նայում էր քաղաքի մի մեծ և նշանավոր փողոցին:

Երկու եղբայրներ մնացին մենակ: Սկսվեցան այն բոլոր հարցուփորձերը, որ սովորաբար լինում են երկու բարեկամների, առավելապես երկու ջերմ սիրով սիրող եղբայրների երկարատև անջատումից հետո կրկին տեսակցության ժամանակ: Դեռ երկար ժամանակ նրանք նստած խոսում էին, երբ, վերջապես, Արմենակը առավ յուր եղբոր ձեռքը և, խորին զգացմունքով սեղմելով, նրան ասաց,

— Սիրելի՛ եղբայր, ես այժմ, երբ հասել եմ նպատակիս, պետք է մատուցանեմ քեզ իմ խորին երախտագիտության զգացմունքն, իմ շնորհակալությունը: Ես քեզ եմ եղել պարտական իմ երեխա ժամանակս, քեզ եմ պարտական այժմ և քեզ պիտի պարտական լինիմ միշտ, այսուհետև մինչև իմ վերջին շունչս: Դու եղել ես ինձ համար ավելի քան հայր, և այդ պատճառով ես քեզ սիրում եմ այնպես, ինչպես տակավին ոչ մի եղբայր չէ սիրել յուր եղբորը:

— Ես ինձ անչափ երջանիկ եմ համարում, Արմենակ, որ քեզ այժմ նպատակիդ հասած եմ տեսնում, — պատասխանեց միևնույն զգացմունքով Ստեփանոսը: — Ես միշտ, ինչպես ավագ եղբայր, իմ սեպուհ պարտականությունս եմ համարել բարվոքել քո ապագան և մինչև այժմ անհամբերությամբ սպասում էի այն օրին, երբ իմ այդ պարտականությունս կատարված վերջացած կլիներ — և ահա այդ օրն այս օրն է: Իմ սիրտն այս րոպեին այնպես է ցնծում, ինչպես տակավին երբեք չի եղել... իմ վերջին և սրտաբուխ ցանկությունս է քեզ միշտ այդպես անկեղծ և ազնիվ տեսնել, միշտ ճշմարտասեր և անկողմնապահ քո ընտրած ասպարիզի մեջ:

Մի անգամ էլ նրանք խորին զգացմունքով սեղմեցին միմյանց ձեռքն և դուրս գնացին պատշգամբն, ուր իշխանուհի Մելիքյանը ինչ-որ բանի մասին հռետորություն էր անում յուր վաղեմի ընկերուհուն: Երկու եղբայրներ տեղավորվեցին նրանց մոտ և սկսեցին մասնակցել նրանց խոսակցությանը: Ամենից շատ խոսում էր իշխանուհին իրեն հատուկ շարժունությամբ, որ շատ սազում էր նրա գեղեցիկ, փառավոր տեսքին: Նրա ճարտար լեզուն, ըստ երևույթին, շատ էր դուր գալիս պարոն Հարությանին, պարոնը մեծ մասամբ լուռ նստած՝ առանձին հետաքրքրությամբ լսում էր նրան: Նույնպես հետաքրքրությամբ լսում էին նրան և տիկին Հարությանն ու Արմենակը: Իշխանուհին, այդ տեսնելով, ավելի ու ավելի ոգևորվում էր: Պարոն Հարությանը դարձյալ զգում էր յուր վրա նրա առանձին հայացքները, որոնք թափանցում էին մինչև նրա սրտի ամենախորին թելերն և ստիպում նրանց թրթռալ մի առանձին՝ մինչև այդ ժամանակ տակավին չզգացված քաղցրությամբ, որի ազդեցության ներքո, հանկարծ նրա միտքն խճճվում էր, և նա դադարում էր որոշակի մտածելուց: Նա գրեթե ինքնամոռացության մեջ էր ընկնում, ոչինչ չէր տեսնում, ոչինչ չէր զգում, միայն իշխանուհու ձայնը, որպես մի դյութիչ մեղեդի, հնչում էր նրա ականջներում և առավել ևս թմրեցնում նրա ուղեղը... Հանկարծ լռում էր այդ ձայնը, և նա լսում էր մի ուրիշ ձայն, նա ճանաչում էր այդ ձայնը — կնոջ ձայնը, որը մի ակնթարթում կայծակի նման շանթում էր նրա ուղեղն ու սիրտն, և հանկարծ նա սթափվում էր յուր ակամա թմրությունից: Նա տեսնում էր, որ ոչ կինն էր նայում իրեն, ոչ՝ եղբայրը, միայն իշխանուհու գեղաժպիտ աչքերը գաղտագողի կերպով հետամուտ են լինում յուր դեմքին...

Զ

ԵՐԵԿՈՅԱՆ

Նույն օրը երեկոյան, երբ իշխանուհու կառքը եկավ նրան տանելու, նա խնդրեց Հարունյաններին, որ կառքով միասին գնան Մուշտաիդ զբոսանքի: Հարունյաններն ուրախությամբ համաձայնեցան, բացի Արմենակից, որ հայտնեց, թե ինքը կարող չէ ընկերակցել նրանց, որովհետև շատ կարևոր գործ ունի յուր ընկերներից մեկի հետ և անկարող է հետաձգել:

Երեկոն գարնան վերջերի ամենասքանչելի երեկոներից մեկն էր: Օրվա մեծ և անթիվ աշխատանքից խոնջած, վաստակաբեկ արևն յուր շողասպառ գլուխը թեքում էր դեպի հորիզոն: Առավոտից մինչև այժմ թեթև կերպով ամպած երկինքը հետզհետե սկսում էր պարզվել և երևան հանել յուր կապուտակությունը: Անթիվ, բեկբեկուն, փոքրիկ ու բարակ ամպի քուլեքը սփռված էին նրա վրա: Մայր մտնող արևի վերջին թույլ ճառագայթները կողքից լուսավորում էին նրանց, որոնք մի կողմից փայլում էին կարմրախառն արծաթագունով, իսկ մյուս կողմից աղտոտ ջրի գույն ունեին: Երկինքն յուր այդ գորշախայտ դիրքով նմանում էր մի խաղաղ լճի, որի մակերևույթն ամենահանդարտ կերպով ծփում է թեթև զեփյուռից, կազմելով միահար փոքրիկ փրփրալից ալիքներ, որոնք միմյանց ետևից անդադար առաջ են գլորվում դեպի եզրը և կորչում, չքանում են այնտեղ:

Իշխանուհու երկձի շքեղ կառքը, որի անիվների հեցերին ռետին էր շրջապատած, փափուկ, անլռելի կերպով սլանում էր Միքայելյան խճամած լայն փողոցով: Լսվում էր միայն նժույգների ոտների միահավասար տրոփը: Կառքը հողմի նման առաջ էր կտրում միմյանց ետևից շարված բազմաթիվ կառքերին, որոնք նույնպես կրո՛ւմ էին իրենց մեջ Մուշտաիդի մշտական այցելուներին: Ամեն կողմից հարյուրավոր հետաքրքիր աչքեր հետևում էին իշխանուհու սրաթռիչ շքեղ կառքին, որի նմանը շատ չէ պատահում Թիֆլիսի փողոցներում: Իշխանուհին և տիկին Հարունյանը նստած էին կառքի ետնակողմում, իսկ նրանց առաջ՝ մեջքը դեպի կառապանը դարձրած՝ նստած էր պարոն Հարունյանը: Կառքում դարձյալ ամենից շատ խոսում էր իշխանուհին:

Այդ միևնույն ժամանակ ինչ-որ ձիավոր նրանց ետևից արշավում էր դեպի նրանց կողմը: Նրա հագուստն և նրա վրա եղած շողշողուն զարդարանքները ցույց էին տալիս, որ նա զինվորական էր: Չնայելով, որ կառքը շատ արագ էր ընթանում, բայց նրա սպիտակ նժույգն էլ պակաս չէր արշավում նրա ետևից: Մի քանի րոպեից հետո վերջապես նա հասավ կառքին և անցնելով այն կողմը, որ կողմը որ նստած էր իշխանուհին, գոռաց ֆրանսերեն լեզվով.

— Պատիվ ունեմ ողջունելու մեծարգո իշխանուհի Մելիքյանին:

Ամենքը նրա կողմը նայեցին:

— Պետրո՛վ... — կանչեց զարմացմամբ իշխանուհին, տեսնելով կառքի կողքից արշավելիս ձիավորի մի տեսակ լրբությամբ ժպտացող դեմքը: Մի ակնթարթում նրա դեմքի արտահայտությունը փոխվեց, նա, երևի ներքին զսպած կատաղությունից, դեղնեց և հոնքերը կիտեց, իսկ աչքերի կոպերն ու շրթունքներն աննկատելի կերպով զողացին: — Դուք Թիֆլիսո՞ւմ...

— Ինչպես բարեհաճում եք տեսնել, իշխանուհի: Ես հեռվից ձեզ տեսա և այնքան սրատես գտնվեցա, որ կարողացա ձեզ ճանաչել:

— Ե՞րբ եք եկել, — կարծես, ակամայից և մի տեսակ արհամարհական եղանակով հարցրեց իշխանուհին:

— Այս երկրորդ օրն է... Ես չէի սպասում, որ բախտն ինձ այդպես շուտ կարող է հանդիպեցնել ձեզ հետ, և պետք է ասեմ, որ ես շատ ուրախացա, երբ հեռվից ձեզ նկատեցի...

— Բայց ինչո՞ւ դուք Պետերբուրգը թողել եք:

— Մի քանի գործերից ստիպված, իշխանուհի...

— Եվ շա՞տ ժամանակ եք մտադիր այստեղ մնալու:

— Նայելով գործերին... Սակայն ես մտադիր եմ այս ամառ Կովկասում անցկացնելու՝ Պուշկինի և Լերմոնտովի սիրած ու փառաբանած աշխարհում:

Կառքը միշտ առաջ էր սլանում, իսկ նրան զուգակից — Պետրովը՝ յուր նժույգ ձիով: Հարունյանները հետաքրքրությամբ նայում էին իրենց այդ անկոչ ուղեկցին, որ, ըստ բնույթին, շատ չէր հետաքրքրվում, թե ովքեր են կառքի մեջ մյուս նստողներն և ձին զուգընթացաբար միշտ առաջ էր քշում կառքի հետ:

— Դուք Մուշտաhի՞ն եք շնորհ անում գնալ, — հարցրեց նա:

— Այո — պատասխանեց իշխանուհին:

— Ուրեմն և ձեզ ուղեկցելու պատիվն եմ ունենում...

Վերջապես նրանք մտան Մուշտաիդի հաստաբուն ու բարձր ծառերի սաղարթախիտ ճյուղերով կազմված կամարի տակ: Մուշտաիդը թիֆլիսեցիների համար նույնն է, ինչ որ զվարճասեր փարիզեցիների համար Բուլոնյան անտառը կամ Եղիսյան դաշտերը:

Յուրաքանչյուր գեղեցիկ երեկո, մանավանդ շաբաթ և կիրակի օրերն, այնտեղ կարելի է տեսնել հարյուրավոր կառքեր, որոնք միմյանց ետևից շարված՝ պատում են Մուշտաիդի շուրջը: Չունենալով մի ուրիշ ավելի հարմարավոր զբոսատեղի, Թիֆլիսի խայտաբղետ ժողովուրդն այդտեղ է վազում փոքր-ինչ ազատ օդ շնչելու և լսելու երաժշտություն:

Մի քանի շրջան անելուց հետո իշխանուհին կամեցավ իջնել և գնալ այգիի հրապարակը մի բան խմելու: Կառքը կանգնեց: Պարոն Հարունյանը բացեց կառքի դռնակը, ցած թռավ և մեկնեց ձեռքը, որպեսզի օգնե իշխանուհուն կառքից իջնելու: Իշխանուհին տվավ նրան յուր փափուկ, սպիտակ ձեռքը և թեթև կերպով ցած թռավ կառքից: Իջավ և տիկին Հարունյանը՝ նույնպես ամուսնու օգնությամբ: Պետրովը (մենք այսուհետև ձիավորին այդպես կկոչենք), որ մի քայլ անգամ չէր հեռացել կառքից, նույնպես իջավ ձիուց, սանձը տվավ կառապանին և ուղղակի հայտնեց, որ կամենում է նրանց ընկերակցել: Իշխանուհին, որին, ըստ երևույթին, շատ չէր դուր գալիս այդ աստիճանավորի ներկայությունը, ակամայից ստիպված էր ներկայացնել նրան Հարունյաններին: Այնուհետև նրանք խոսելով անցան, հրապարակն, ուր հարյուրավոր մարդիկ՝ ամեն դասակարգի սեռի և հասակի՝ զբոսնում ու նստած էին: Մեջտեղում նվագում էր զինվորական երաժշտությունը: Նրանք նստեցին և խմելու մի բան պահանջեցին:

Պետրովի շարժումները, խոսակցության եղանակն իսկույն ցույց էին տալիս, որ աղմկալից կյանքն ու բարձր շրջաններն են եղել նրա դաստիարակիչը: Զարմանալի ճարտարությամբ նա խոսում էր իշխանուհու և նոր ծանոթների հետ: Նա խոսում էր երբեմն ռուսերեն, երբեմն ֆրանսերեն և մինչև անգամ անգլերեն: Հենց առաջին հայացքից նա դուր չեկավ պարոն Հարունյանին: Նրա կարճ հասակը, կլոր ու սափրած կարմիր դեմքը կարճ բեղերով ու ինքնավստահ, գրեթե լիրբ արտահայտությամբ, շեկ մազերն, փոքրիկ ու շարժուն խորամանկ աչքերն և փոքրիկ վեր քաշված քիթը, — նրան մի տեսակ ատելի էին թվում: Ինչո՞ւ: — «Ինչպես չենք կարող մենք առաջ բերել ուղիղ պատճառը, թե ինչու մեկը չէ սիրում խոզի բացված բերանը, մյուսը՝ կատվի պես անվնաս կենդանուն, երրորդը՝ ձայնը պարկապզուկի», ինչպես պատասխանում է Շեյլոկը, նույնպես և նա չէր հասկանում, թե ինչու այդ աստիճանավորը նրան ատելություն էր ներշնչում: Իշխանուհին խոսում էր նրա հետ կարծես ակամայից և մի տեսակ եղանակով, որից իսկույն երևում էր, որ նրան ևս չէր դուր գալիս այդ շատախոս ռուս աստիճանավորը: Հարունյանները չէին կարող չնկատել այն փոփոխությունը, որ ստացել էր իշխանուհին Պետրովին պատահելու րոպեից: Նրանք ակամայից մտածեցին, որ այդ երկուսի մեջ ինչ-որ կա... Արդեն սկսում էր մթնել, երբ նրանք վեր կացան և ուղևորվեցին դեպի կառք: Հարունյաններն ու իշխանուհին նստեցին կառքը, իսկ Պետրովը հեծավ յուր ձին և մի քանի անգամ դարձյալ շրջան անելուց հետո այգում, նրանք ճանապարհ ընկան դեպի տուն: Կիսաճանապարհին Պետրովը բաժանվեց նրանցից, առաջուց խնդրելով իշխանուհուց նրա հասցեն: Նրա հեռանալուց հետո տիկին Հարունյանը հարցրեց իշխանուհուց, թե նա՞ է այն աստիճանավորը, որի մասին խոսում էր այն օրն Արմենակը:

— Այո՛, — պատասխանեց միայն իշխանուհին:

Պարոն Հարությանը կամենում էր հարցուփորձ անել իշխանուհուն այդ մարդի մասին, բայց լսելով այն եղանակը որով նա արտասանեց «այո» բառը, նա տեսավ, որ իշխանուհին չէ սիրում նրա մասին երկար խոսել: Նա ոչինչ չհարցրեց՝ մտքումը դնելով, որ ամեն բան կիմանա Արմենակից, որին, ինչպես նա եզրակացրեց յուր կնոջ խոսքերից: Հայտնի պիտի լիներ նրա ով լինելը և, գուցե, այն կապը, որ, ինչպես նա կասկածում էր իշխանուհու փոփոխությունից, կար նրա և վերջինիս մեջ:

Կառքը կանգնեց Հարությանների տան առաջ: Հարությաններն իջան և խնդրեցին իշխանուհուց գիշերը միասին անցկացնելու — կամ մի որևիցե զվարճության տեղ գնալու, բայց իշխանուհին, որից Պետրովի ազդած տրամադրությունը չէր հեռացել, հայտնեց յուր շնորհակալությունը, խնդրեց, որ վաղն իրեն այցելեն, որովհետև մենակ է ինքը, և կառքը քշել տվեց դեպի յուր տուն:

Է

ՊԵՏՐՈՎ ԵՎ ՀԱՐՈՒԹՅԱՆ

Հետևյալ օրն, առավոտյան, երբ Հարությանները պատրաստվում էին այցելելու իշխանուհուն, երկու եղբայրների մեջ խոսք ընկավ նրա և Պետրովի մասին: Տիկին Հարությանը չէր մասնակցում նրանց. նա մյուս սենյակում զբաղված էր յուր հագուստով: Արմենակը շատ զարմացավ, երբ իմացավ եղբորից, որ Պետրովն երեկ երեկոյան պատահել է իշխանուհուն:

— Սակայն ինչո՞ւ եմ ես այսպես զարմանում, — ասաց նա, — եթե սերն այն բանն է, որ ստիպում է մարդուս ամեն բան անել, ապա նրա Պետերբուրգից այստեղ վազելը բոլորովին զարմանալի չէ:

— Ի՞նչ... մի՞թե Պետրովը սիրում է իշխանուհուն, — հարցրեց իսկույն պարոն Հարությանը մի այնպիսի եղանակով, որից երևում էր, որ այդ լուրը շատ չէր դուր եկել նրան:

— Հապա ի՞նչն էր ստիպում նրան այնտեղ պաշտոնը թողնել ու վազել այստեղ, ուր երբեք ոչ եղել է և ոչ կարող է մի որևիցե գործ ունենալ:

Թեպետ ես այդ Պետրովի հետ այնքան հարաբերություն չեմ ունեցել և չէի կարող ունենալ, բայց դրան լավ եմ ճանաչում: Դա մի եղբայր ունի, որ համալսարանում իմ ամենալավ ընկերներից մեկն էր, նա ինձ դրա բոլոր արկածները պատմում էր: Դրան այնտեղ մի քանի շրջաններում Դոն-Ժուան են կոչում, թեպետև, ճշմարիտն ասած, դրա մեջ դոն-ժուանական ոչնչից ոչինչ չկա, երևի ծաղրում են, բայց և այնպես դա հայտնի է յուր բազմաթիվ սիրային արկածներով: Ես կարող եմ հավատացնել, որ բացի գեղեցկուհիների շուրջը քծնելուց ու նրանց ձեռքերը լպստելուց, դա ուրիշ բան ու գործ չունի:

— Բայց իշխանուհին ի՞նչպես է նայում դրա վրա...

— Նա ատում է դրան, երեսն անգամ չէ ուզում տեսնել: Քանի՛ անգամ դա խնդրել է նրա ձեռքը, բայց նա մերժել է: Ամենալրբերից մեկն են ասում այդ Պետրովին. ոչ ամաչում է և ոչ հուսահատվում և ամենուրեք հետևում է նրան: Ինչպես յուր եղբայրն էր ասում, նա երդվել, մինչև անգամ, գրազ է եկել յուր նման մի քանիսների հետ, որ իշխանուհուն անպատճառ կգրավի յուր կողմը: Այդ պատճառով ահա նա վազել է նրա ետևից Թիֆլիս:

— Բայց ի՞նչու իշխանուհին ատում է դրան:

— Որովհետև չի սիրում...

Այդ րոպեին ներս մտավ տիկին Հարությանը՝ ձեռնոցները հագնելով:

— Այդ ի՞նչ բանի մասին եք խոսում, — հարցրեց նա:

— Պետրովի մասին, — պատասխանեց Արմենակը:

— Իրավ, ես մոռացա քեզ հարցնելու, Արմենակ. ո՞վ է այդ Պետրովը: Երեկ երեկոյան ախար ծանոթացանք նրա հետ. նա պատահեց մեզ Մուշտաիդի ճանապարհին:

Արմենակը պատմեց նրան այն բոլորն, ինչ որ յուր եղբորը:

— Ի՞նչ ես ասում, — բացականչեց տիկին Հարությանը զարմացած: — Պետրովը սիրում է իշխանուհուն և իշխանուհին նրա՞ն...

— Ոչ, իշխանուհին չէ սիրում նրան, ասացի: Ահա ամբողջ տարին է գնում, ինչ այդ Պետրովը նրան հանգիստ չէ տալիս, բայց տակավին, բացի ատելության կրկնապատկելուց, ուրիշ զգացմունք չէ կարող հարուցանել նրա մեջ:

— Ինչպես երևում է, այդ Պետրովը սաստիկ լիրբն ու անամոթն է:

— Էլ մի՛ ասիր...

— Դե՛հ, ժամանակ է գնալու, — ասաց պարոն Հարունյանը, որ մինչև այդ ժամանակ, ինքն էլ չհասկանալով, թե ի՛նչպես և ինչո՛ւ, մտածության մեջ էր ընկել:

Նրանք դուրս գնացին, մի կառք նստեցին և քշել տվեցին իշխանուհու տուն: Քառորդ ժամից հետո կառքը կանգնեց մի շքեղ, քարաշեն եռհարկանի տան առաջ, որի առջև գտնված փոքրիկ պարտեզը փողոցի կողմից քաշած էր երկաթյա վանդակապատով: Նրանք իջան կառքից: Տիկին Հարունյանը սեղմեց դռան էլեկտրական զանգակի կոճակը, և մի րոպեից հետո ծեր դռնապանը, որ, ինչպես երևում էր, յուր կյանքի մեծ մասն այդ տանն էր անցկացրել, բացեց դուռը: Նա հանեց նրանց վերարկուները: Հարունյանները այնտեղ աստիճանավորի ինչ-որ վերարկու տեսան կախած: Այդ ժամանակ կապուտաչյա փոքրիկ աղախինը, որ վազել էր իշխանուհուն հայտնելու հյուրերի գալուստը, վերադարձավ և հրավիրեց նրանց հյուրասենյակ:

«Եվ չգիտեմ մինչև ե՞րբ պիտի այսպես տևի...» — լսեցին Հարունյանները իշխանուհու բարկությամբ արտասանած խոսքերը՝ հյուրասենյակը մտնելիս: Նրանք ներս մտան: Իշխանուհին արագ քայլերով այս ու այն կողմն էր գնում սենյակի մեջ: Նրա գեղեցիկ դեմքն այլայլված, շառագունած էր: Իսկույն երևում էր, որ սաստիկ բարկացած էր: Լուսամուտի մոտ կանգնած էր Պետրովը՝ լիրբ ժպիտը կլոր դեմքին: Հյուրերի մտնելուն պես իշխանուհին իրեն հավաքեց և, աշխատելով դեմքին հանգիստ արտահայտություն տալ, ժպտալով դիմավորեց նրանց, սեղմեց յուրաքանչյուրի ձեռքը: Հարունյանները իսկույն հասկացան, թե բանն ինչումն էր և այնպես ձևացրին, իբրև թե ոչինչ չեն նկատում: Նրանք ողջունեցին և Պետրովին, որի դեմքի վրայից լիրբ ժպիտը չէր հեռանում:

— Ա՛, դուք այստե՞ղ...կանչեց զարմացմամբ Պետրովը՝ տեսնելով Արմենակին:

— Այո: Ինչո՞ւ եք զարմանում:

— Ես չէի կարծում, թե դուք կարող եք հարգելի իշխանուհու բարեկամը լինել:

— Այո՛, ես հարգելի իշխանուհու բարեկամն եմ, այս պարոնի

եղբայրը (նա ցույց տվեց պարոն Հարունյանի վրա) և այս տիկնոջ տագրը (նա ցույց տվեց տիկին Հարունյանի վրա): Իսկ դուք ե՞րբ եք շնորհ բերել:

— Այս երրորդ օրն է:

— Ափսոս՝ ես մի օրով ուշ եմ եկել ձեզանից: Ձեր եղբայրն ինձ ոչինչ չէ ասել ձեր գալուստի մասին, ապա թե ոչ, մենք միասին կգայինք:

— Իմ եղբորս այդ անհայտ էր:

Իշխանուհին և Հարունյան ամուսինները խոսում էին մյուս կողմը: Իշխանուհու բարկությունը և այլայլմունքն արդեն անցել էր: Նա ամենաքաղցր կերպով ժպտում էր նրանց հետ խոսելիս, բայց երբեմն Պետրովին նայելիս նրա դեմքը խիստ արտահայտությո՛ւն էր ստանում: Պարոն Հարունյանը այդ օրն էլ լավ աչքով չէր կարողանում նրան նայել: Հյուրասենյակը մտնելուն պես, երբ տեսավ նրա լիրբ դեմքը, նա իսկույն զգաց, որ, այո՛, իսկապես ատում է նրան: Մինչև անգամ կատաղության նման մի բան՝ խառը մի տեսակ չար նախանձի հետ՝ շարժվեց նրա սրտում, երբ մտնելուն պես նրան իշխանուհու մոտ գտավ: Եվ յուր ողջ կյանքի մեջ այդ առաջին անգամն էր, որ մի այդպիսի զգացմունք, թեպետև բոլորովին մութ և անորոշ, ներս էր սողում մինչև այժմ նրա սիրող ու բարի սրտի մեջ: Առաջին նվագ ակամայից, ինքն էլ չհասկանալով, թե ինչու, նա անձնատուր էր լինում այդ զգացմունքին, բայց երբ փոքր-ինչ ու ավելի լրջորեն էր մտածում այդ մասին, նա ինքն էլ զարմանում էր, թե ինչո՛ւ և ի՛նչ իրավունքով այդպես պիտի անե: Ինչո՞ւ և ի՞նչ պատճառով, ախար, ատել այն մարդուն, որից ո՛չ թե ոչինչ, թեկուզ ամենաչնչին վնաս չես ստացել, այլ որին մինչև անգամ բոլորովին նոր ես տեսնում ու ծանոթանում նրա հետ... Այդ նրան հիմարություն էր թվում: Սակայն երբ ավելի ու ավելի խոր էր մտնում նա բուն խնդրի մեջ, նրան թվում էր, թե լուծումը — պատճառը գտել է: Բայց այդ լուծումն, այդ պատճառն այնքան անորոշ, այնքան մութ էր նրա համար, որ հազիվ թե նա թույլ էր տալիս դրա վրա դրականապես հիմնվելու,..

Իշխանուհու և Հարո՛ւնյան ամուսինների խոսակցության մեջ մտան և Պետրովն ու Արմենակը: Այնուհետև պարոն Հարունյանն առանձնացավ մի ուրիշ սենյակ՝ ծխախոտ ծխելու. նա չէր կարողանում տանել Պետրովի ներկայությունը: Բայց հակառակի պես Պետրովն էլ հետևեց նրան նույն նպատակով: Արմենակը, տեսնելով, որ ինքը ավելորդ է երկու ընկերուհիների մեջ, նույնպես միացավ առաջիններին:

Նրանց երեքի մեջ խոսք բացվեցավ կնոջ և տղամարդի մասին, որի պարագլուխը եղավ Պետրովը: Նրանք երկար ժամանակ վիճում էին այդ առարկայի վրա: Պետրովը սաստիկ տաքացել էր: Առանց այն էլ նրա կարմիր դեմքը բոլորովին կարմրել էր, փոքրիկ աչքերը պլպլում էին և, կանգնած պարոն Հարունյանի առաջ, բայց մի տեղ հանգիստ չմնալով ու ձեռքերն անդադար շարժելով, նա ճարտար արագախոսությամբ դուրս էր թափում յուր կարծիքներն, հայացքներն յուր բացած առարկայի վերաբերությամբ: Պարոն Հարունյանը բոլորովին լուրջ ու հանդարտ կերպով ծխախոտ էր ծխում և լսում էր նրան: Արմենակը նստած էր լուռ և չէր միջամտում:

— Տղամարդն, — ասում էր Պետրովը, — կնոջը պետք է պաշտի, երկրպագի, ինչպես մի սուրբի, որովհետև տղամարդն յուր բոլոր գոյությամբ պարտական է միայն կնոջը, չլինի կինը — տղամարդը ոչինչ է, նա մի օր, մի րոպե անգամ կարող չէ առանց նրան ապրել, ինչպես կարող չէ ապրել առանց օդի...

— Իսկ եթե տղամարդը չլինի, — հարցրեց պարոն Հարունյանը, — կինը կարո՞ղ է ապրել:

— Ճշմարիտ է, կարող չէ ապրել, բայց դարձյալ ու դարձյալ տղամարդը պետք է պաշտի նրան, պետք է նրա ստրուկը դառնա, հասկանո՞ւմ եք դուք ինձ, որովհետև կինն է միայն կազմում նրա բոլոր երջանկություններից երջանկագույնը որովհետև կինն է միայն տալիս նրան այն քաղցրությունը, որի նմանը նա երբեք ուրիշ ո՛չ մի բանից կարող չէ վայելել: Եվ տղամարդն, այդ բոլորը գիտենալով, հասկանալով, ի՞նչ իրավունքով, ասացեք խնդրեմ, պետք է հակառակե կնոջը թեկուզ հենց ամենաչնչին բանի մեջ. ինչո՞ւ նա նրա ամեն մի խնդիրքն, ամեն մի հրամանը չպիտի կատարե և կատարե ինչպե՛ս, — կուրորեն: Մինչև անգամ ես այս համոզմունքին եմ, որ եթե կինը տղամարդի կյանքն էլ, հասկանո՞ւմ եք, կյանքն էլ պահանջելիս լինի, — տղամարդն իրավունք չունի մերժելու, պետք է անպատճառ այդ տա նրան, իբրև նրանից ստացած մի պարգև, մի առանձնաշնորհություն: Ամբողջ քաղաքակրթյալ աշխարհն այդպես է մտածում և այդպես է անում... միայն տգիտության խավարի մեջ խարխափող ազգերն են, որոնք բոլորովին չեն հասկանում կնոջ մեծ արժանավորությունն և, փոխանակ նրան աստվածացնելու, նրան պաշտելու, նրանք ամենաստոր անասունի տեղ են ծառայեցնում նրան...

— Ա՞յդ է բոլորը, ինչ որ դուք ունեիք ասելու կնոջ և տղամարդու մասին, — հարցրեց վերջապես պարոն Հարունյանը:

— Այո: Եվ դա իմ համոզմունքս է, որին ես երբեք չեմ փոխի:

— Ուրեմն ավելորդ է խոսել:

— Ոչ, կարող եք դուք էլ ձեր կարծիքը հայտնել... բայց ի սեր աստծո, դուք մի՛ կարծեք, թե դրանով ես ուզում եմ ասել, թե իմ խոսքերս ստուգության են կարոտ, այլ ես ուզում եմ իմանալ միայն ձեր կարծիքն այս առարկայի վերաբերությամբ:

— Ուրեմն, պարո՛ն, — ասաց պարոն Հարունյանը, — եթե դուք իսկապես այնպես եք մտածում ու հասկանում, ինչպես որ դատո՛ւմ եք, ապա մնում է ինձ ասել, որ դուք սաստիկ և սաստիկ սխալվում եք այդ առարկայի վերաբերմամբ: Ձեր կարծիքն այնքան անհեթեթ է կնոջ և տղամարդի մասին, որ ամենաեսասեր կինն անգամ չի համաձայնիլ ձեզ հետ: Թույլ տանք, որ դուք չունիք տղամարդու եսասիրություն, որ թեպետև ոչինչ նշանակություն չունի առողջ դատողության մեջ, բայց, այնուամենայնիվ, օգնում է չափազանցությունների մեջ չմտնել և բոլորովին չստորացնել յուր սեփական «եսը», — թույլ տանք, ասում եմ, որ դուք չունեք այդ եսասիրությունը, բայց մի՞թե այդ ձեզ իրավունք է տալիս, առանց մի որևիցե հիմնական փաստի առանց մտնելու բուն խնդրի մեջ, ստորացնել այդպես տղամարդցի կոչումը կնոջ առաջ, դնել մի այդպիսի սահմանափակ շրջանակի մեջ նրա դերը կնոջ առաջ: Դուք հիմնվում եք այն փաստի վրա, որ ինքնըստինքյան անհեթեթ է — թե կինն է միայն կազմում տղամարդի ամենամեծ երջանկությունն և տալիս է նրան այն քաղցրությունը, որ ուրիշ ոչ մի բանից նա կարող չէ ստանալ: Առաջինը դեռ հարց է՝ թե իսկապես միայն կինն է կազմում տղամարդի ամենամեծ երջանկությունն ու տալիս նրան այն քաղցրությունը, որ ուրիշ ո՛չ մի բանից նա կարող չէ ստանալ — և այդ միևնույն բանը հակառակ չէ՞ պատահում արդյոք՝ այսինքն, որ տղամարդը լինի կազմելիս կնոջ ամենամեծ երջանկությունն ու տալիս լինի նրան միևնույն քաղցրությունն, ինչ որ ինքը՝ նրան, և երկրորդը՝ ձեր ասածներից եզրափակելով, որ տղամարդն ամենաստոր աստիճանի վրա է կանգնած կնոջ առաջ — ես ձեզ համարձակ կարող եմ հավատացնել որ իբրև միևնույն զգացումներով ու կրքերով և այլն — կինն ու տղամարդը հավասար են միմյանց, ինչպես ահա, այս ձեռքիս հինգ մատները հավասար են մյուս ձեռքիս հինգ մատներին, և ավելի ակնհայտնի ապացույց այն՝ որ առանց կնոջ տղամարդը գոյություն կարող չէ ունենալ է առանց տղամարդի — կինը՛ համաձա՞յն եք դուք ինձ հետ։

— Բայց ինչո՞ւ ամբողջ քաղաքակիրթ ախարհը միշտ և ամեն ժամանակ կնոջը գերապատվում է. տղամարդից, երկրպագում է նրան։

— Այս բոլորովին ուրիշ խնդիր է, որի պատճառն էլ մենք ուրիշ բանի մեջ կգտնենք։ Բայց, ինչպես երևում է, դուք ձեր համոզմունքը կազմելիս դրա վրա եք հիմնվել իսկապես։ Թեպետև իրավունք եք ունեցել այդպես մտածելու, բայց ափսոս, որ դուք հավատացել եք միայն ձեր աչքերին ու ականջներին և չեք կամեցել բուն խնդրի մեջ մտնել՝ իմանալու համար դրա էական պատճառը, որին շատերը ձեզ պես կամ չեն հավատում, կամ չեն ուզում հավատալ։ Իսկ այդ պատճառն ուղեղի և կամքի այն զարգացողությունը կամ այն կեղծավորությունը, որ այժմյան ժամանակս «քաղաքակրթություն» անունն են տալիս։ Այդ կեղծ լուսավորությունն իրեն համար առաջնորդ ունենալով սխալ և անհիմն հայացքներ վեհ գաղափարների վրա, կնոջը տվել է կատարյալ ազատություն, իբրև թե դրա մեջ ճանաչելով իրեն նման և իրեն հետ հավասար իրավունք ներ ունեցող էակի։ Դրանով կեղծ լուսավորությունն, յուր կարծիքով, կամեցել է կատարել ընդհանուր մարդկային մի վեհ գործ, բայց դրա փոխարեն դուրս է եկել վարքի կատարյալ ապականումն, կատարյալ անբարոյականություն, որոնց նմանը հազիվ թե գտնվի «տգիտության խավարում խարխափող ազգերի» մեջ, և եթե գտնվի էլ, այդ ներելի է նրանց, որովհետև նրանք կոչվում են «տգիտության խավարի մեջ խարխափող ազգեր» և ո՛չ թե «քաղաքակիրթ աշխարհ»... Ամբողջ «քաղաքակիրթ աշխարհը», մտածելով ճիշտ այնպես, ինչպես դուք եք մտածում, կնոջը տվել է ազատություն, իսկ ինքը նրա ստրուկն է դարձել, աստվածացրել է նրան, պաշտում է նրան։ Կնոջ ազատություն և նրա իրավունքների պաշտպանություն՝ սքանչելի՛ գործ... «Քաղաքակիրթ աշխարհը» պարծենում է դրանով, կարծելով, թե մի հրաշք է գործել, այնինչ նա ստեղծել է այլանդակ արարածներ, որոնց վրա նայելիս մարդ չէ ուզում հավատալ, թե դրանք լուսավորության և լուրջ մտածության դարի արդյունքներն են... Ո՞ւր է ճշմարիտ ամուսին, ո՞ւր է ճշմարիտ մայր, որոնց համար միայն նեթ ստեղծված է կինը: Հարցրե՛ք «քաղաքակիրթ աշխարհին», — և նա ձեզ ցույց կտա մի շարժուն և խոսող պաճուճապատանք, որին ամեն բան կարող եք անվանել, բայց ո՛չ երբեք — ամուսին, ո՛չ երբեք մայր...

Յուր բոլոր այդ խոսակցության ժամանակ նրանից չէր հեռանում յուր սովորական սառնասրտությունը, չնայելով, որ ի ներքուստ նրա կատաղությունը գալիս էր, երբ տեսնում էր Պետրովի կլոր դեմքի վրա լիրբ ժպիտը, որի մեջ այդ ժամանակ նկատվում էր մի տեսակ զիջող հոգնություն: Իսկ վերջին խոսքերի հետ նա մի սուր հայացք ձգեց Պետրովի վրա, վեր կացավ և դիմեց դեպի հյուրասենյակը:

«Վարդապետական քարո՛զ», — լսեց նա յուր ետևից Պետրովի խոսքերը: Նա ետ չնայեց և նույն սառնասրտությամբ դուրս գնաց դեպի հյուրասենյակը:

— Դուք լսեցի՞ք ձեր եղբոր հռետորությունը, — հարցրեց Պետրովն Արմենակին, երբ նրանք երկուսով մենակ մնացին:

— Լսեցի:

— Համաձա՞յն եք նրա հետ:

— Համաձայն եմ:

— Ուրեմն երանի՜ ձեզ, դուք երջանիկ կլինեք, հա՜, հա՜, հա՜...— նա բարձրաձայն ծիծաղեց և դուրս գնաց դեպի հյուրասենյակը, Արմենակը հետևեց նրան:

Ը

ԵՐԿՈՒ ՍԵՐ

Եվ այսպես Հարունյան ընտանիքի և իշխանուհի Մելիքյանի մեջ հաստատվեցավ այն բարեկամական կապերից մեկը, որ օր օրի վրա ավելի ու ավելի ամրապնդվում է: Նրանց միմյանց մոտ գնալ-գալը, նստել-խոսակցելը կարծես թե մի պահանջ էր դարձել, որին ոչ մի բանով չէին կարող հակառակ գնալ: Օր չէր անցնիլ, որ նրանք միմյանց փոխադարձապես չայցելեին: Բայց զարմանալին այն էր, որ իշխանուհին Թիֆլիսում բոլորովին խաղաղ կյանք էր վարում, նրա Պետերբուրգում վարած կյանքի նշույլն անգամ չէր երևում ոչ յուր տանն և ոչ դուրսը: Բայց ի՞նչ էր պատճառը: Եթե ասենք, որ Վրաստանի երբեմնի մայրաքաղաքը չէր կարող նրան այն բավականությունը տալ, ինչ որ Պետերբուրգը — այդ, կարծեմ, եթե չասենք բոլորովին, բայց փոքր-ինչ անարդարացի կլիներ, որովհետև վերջին ժամանակներս Թիֆլիսում ավելացող զանազան զվարճատեղիները քիչ թե շատ կարողանում են մրցել մայրաքաղաքների նույնանման հիմնարկությունների հետ: Չէ՞ որ եվրոպական քաղաքակրթությունն յուր պայծառ շողը հետզհետե և ավելի ու ավելի հեռուն է սփռում: Կամ եթե ասենք, որ Թիֆլիսում նա չուներ այն «բարեկամներն», ինչ որ Պետերբուրգում — այդ կողմից ևս մենք սխալված կլինեինք, որովհետև այդպիսի դեպքում մենք շատ քիչ ծանոթ կլինեինք հրաշազեղ իշխանուհի Սոֆիա Մելիքյանի հետ: Բավական էր, որ նա կամենար, և այդպիսի «բարեկամներ» չէին հապաղիլ հավաքվելու նրա շուրջը, ինչպես մեղրի շուրջը ճանճերը, փառք աստծո, Թիֆլիսն էլ խո այնքա՛ն հարուստ է այդպիսիներով: Ոչ այս և ոչ այն, այլ իշխանո՛ւհի Մելիքյանը կամենում էր, ասենք նրա խոսքով, «հանգստանալ»:

— Ես բոլորովին ձանձրացել եմ այդպիսի կյանքից, — ասում էր նա տիկին Հարությանյանին: — Ամուսինդ շատ ճիշտ է ասում, որ խաղաղ և հանգիստ կյանքն ավելի քաղցր է. այդ պատճառով ես, բացի ձեզանից, ուրիշ բարեկամներ չեմ ուզում ունենալ, նրանք այժմ ինձ բոլորովին անտանելի են թվում...

Սակայն, բացի Հարությաններից, նրա մշտական այցելուն էր և Պետրովը: Արմենակի պատմությունից մենք արդեն գիտենք, թե ո՛վ էր նա, ի՛նչ էր զգում դեպի իշխանուհին և ինչո՛ւ էր եկել Թիֆլիս. գիտենք նույնպես, թե իշխանուհին ի՛նչպես էր նայում նրա վրա: Թեպետ վաղուց նա ձանձրացել էր այդ լիրբ ստահակից, բայց երբեմն էլ նա զվարճանում էր դրա անօգուտ, հիմար սիրո վրա և ուղղակի ծաղրում էր նրան:

— Դուք մինչև ե՞րբ պետք է հետևեք ինձ, պարոն Պետրով, — հարցնում էր նա նրան, ծիծաղելով:

— Մինչև որ ձեր թանկագին սիրտն ինձ կնվիրեք, — պատասխանում էր Պետրովը:

— Ուրեմն սպասեցեք, հա՛, հա՛, հա՛... Հիրավի, ի՛նչ երջանիկ օր կլինի այն, երբ իմ թանկագին սիրտն արդեն ձեզ նվիրած կտեսնեմ, հա՛, հա՛, հա՛... դուք հիմար եք, պարոն Պետրով:

— Դուք ինձ հիմար համարեցեք, բայց ես չեմ հուսահատվի: Այդ էլ ինձ համար մի երջանկություն է, որ ես ձեր թանկագին բերանից եմ կնքվում մի այդպիսի ածականով:

Իրավ որ այդպիսի խոսակցությունը մեծ զվարճություն էր պատճառում իշխանուհի Մելիքյանին:

Բայց ի՞նչ ասենք այն զգացմունքի մասին, որ հետզհետե արմատ էր բռնում նրա և պարոն Հարունյանի սրտերի մեջ. ի՞նչ ասենք այն կապի մասին, որով իշխանուհին իրեն կապված էր տեսնում պարոն Հարունյանի հետ, և սա նրա հետ... Եվ այդ զգացմունքն, այդ կապն, իհարկե, ինչպես ընթերցողն հասկացել է — սեր էր, սերը — այդ անվերջ երգը, այդ անիմանալի, անկախ ուժը երկու սրտի միության, նրանց բազմախորհուրդ կապակցության... Այդ սերն յուր հիմքը ցցել էր նրանց սրտի մեջ հենց այն վայրկյանից, երբ առաջին անգամ նրանք տեսան միմյանց: Իշխանուհուն դուր եկավ Հարունյանի հաղթանդամ, քաջազնական տեսքն, իսկ վերջինիս առավելապես գրավեցին նրա գեղաժպիտ, կրակոտ աչքերը, որոնց բոլոր ուժը հենց առաջին հայացքից նա փորձեց յուր վրա...

Հարունյանը, իհարկե, այդ շատ պարզ զգում էր, բայց և նա այնքան թուլամորթ, անհեռատես և կրքից շուտ բորբոքվող չէր, որ առանց մտածելու անձնատուր լիներ այդ զգացմունքին, որի բոլոր սոսկալի հետևանքներն իսկույն նեթ պատկերանում էին նրա առաջ: Այո՛, նա շատ լավ հասկանում էր, որ այդ սերն ապօրինի էր, հետևաբար աններելի և շատ չարիքներ առաջացնող: Նա շատ լավ հասկանում էր, որ դրա պատճառած ամեն մի քաղցրությունը նոր և հետզհետե ավելի սոսկալի դառնության կեղն պիտի լիներ յուր համար: Չէ՞ որ ինքն ամուսին էր. ուներ կին, ուներ զավակ, որոնց միայն նեթ նա պարտական էր և պետք է սիրեր, բացի դրանից ուրիշ ո՛չ ոքի, թեկուզ դա լիներ հրեշտակ՝ երկնքից իջած: Առավել ևս, որ այդ պարտականությունն ինքն յուր կամքով էր վերցրել յուր վրա. ուրեմն ի՛նչ ուզում է լինել, բայց նա յուր այդ հոժարակամ պարտականությանը պետք է իրագործում տար: — Եվ այդ պատճառով նա ամեն կերպ աշխատում էր խզել յուր մեջ ապօրինի սիրո կապը, սառեցնել յուր մեջ այն հետզհետե բորբոքվող զգացմունքը, որ նա տածում էր դեպի իշխանուհի գեղեցկուհին: Բայց թե ո՛րքան այդ նրան հաջողվում էր — նա ինքն էլ պարզ չգիտեր, որովհետև լինում էր ժամանակ — և շատ հաճախ — երբ նա զգում էր, որ իշխանուհու ամեն մի ժպտող, թափանցող հայացքի տակ յուր ուժերը թուլանում էին, չնայելով յուր բոլոր ջանքին՝ սառնասրտությամբ տանելու նրա բոլոր փորձող հայացքներն — և նա ակամայից անձնատուր էր լինում նրա դյութություններին...

«Ո՛չ, ո՛չ, այս չպե՛տք է լինի, — կանչեց նա վերջապես մի անգամ յուր դրության վրա լավ խորհելուց հետո: — Հիմար եմ, ի՞նչ է... Եվ ես չեմ կարողանում վերջապես դուրս կորզել սրտիցս այս կեղեքիչ, անպիտան զգացմունքը: Եթե միշտ այսպես պիտի շարունակվի, ուրեմն ես ամենաողորմելին եմ, ուրեմն իմ մեջ չկա կամքի ուժ, ուրեմն ես մարդ չեմ... Եվ ի՞նչպես պիտի տանեմ ես իմ սեփական նախատինքը... Օ՛, ո՛չ, ես անձնատուր չեմ լինի այս զգացմունքին, թեկուզ հարկավորվի դրա համար կյանքս էլ տալ...»:

Եվ Հարությունյանը վերջնականապես և անձնավստահորեն վճռեց յուր մեջ այդ բանը: Նա պետք է հաստատակամությամբ և անդադար պատերազմի յուր մեջ գործող զգացմունքի դեմ, մինչև որ վերջապես այդ ներքին սոսկալի պատերազմը կպսակվի ամենաքաղցր հաղթությամբ: Նա հույս ուներ, իհարկե, որ այդ բանը նրան անպատճառ կհաջողվի, եթե միայն անձնատուր չլինի յուր ներքին ամենաուժեղ թշնամուն — ցանկությանը, որին հաղթելու համար, իբրև միակ զենք այդպիսի դեպքում, նա ընտրել էր յուր հաստատակամությունը:

Եվ Հարությունյանը սկսեց յուր բարոյական պատերազմը:

Նա սկսեց նրանից, որ ամեն կերպ աշխատում էր խույս տալ իշխանուհի Մելիքյանից: — Երբ իշխանուհին գալիս էր նրանց տուն, նա, սուտ գործեր պատճառ բերելով, իսկույն դուրս էր գնում տանից, որպեսզի այդ գեղեցկուհու աչքերը չթուլացնեն նրա ուժերը: Երբ կինը խնդրում էր նրան իշխանուհուն այցելության գնալու, նա նույն գործերի պատրվակով չէր գնում, այնպես որ կինը ստիպված էր լինում կամ մենակ գնալու, կամ բոլորովին չգնալու:

— Զարմանալի է, — նկատեց նրան մի անգամ կինը կասկածանքով, — քո գործերն այն ժամանակ են հայտնվում, երբ կամ նա է մեզ այցելում, կամ ես եմ խնդրում քեզ նրան այցելության գնալու:

— Հավատացիր, սիրելիս, որ չեմ կարող գալ, անհետաձգելի գործեր ունիմ, — պատասխանեց ամուսինը, անհրաժեշտ համարելով ստախոսել այդ դեպքում: — Այսօր դու գնա մենակ նրան այցելության, անշուշտ մյուս անգամ ես ժամանակ կունենամ քեզ ընկերակցելու:

Իսկ երբ մյուս անգամ էլ կինը նկատեց նրան այդ միևնույն բանն և դարձյալ միևնույն պատասխանն ստացավ, նա ասաց ուսերը վեր քաշելով.

— Ես բոլորովին զարմանում եմ, թե ի՞նչ է նշանակում այդ, Ստեփանոս... դու ինձ հետ լայեղ չե՞ս անում, ինչ է, նրան այցելելու...

Ամուսինն այնպես նայեց կնոջը, որ նա ստրջացավ յուր ասածից:

— Կամ նրան արհամարհո՞ւմ ես, ատո՞ւմ ես, — շտապով ավելացրեց:

— Արհամարհո՛ւմ եմ, ատո՛ւմ եմ... — բացականչեց ամուսինն այս անգամ ծիծաղելով, բայց մտքումը ցավելով կնոջ միամտության վրա: — Ի՞նչն է ստիպում ինձ նրան արհամարհելու, ատելու, սիրելիս, որ դու այդպես ես խոսում:

— Հապա ինչո՞ւ դու երբեք չես կամենում նրան այցելության գնալու, նա ախար նեղանում է... մինչև անգամ այդ ամոթ է, հավատացիր, ի՞նչ կմտածե նա քեզ վրա...

— Հոգիս, ի՞նչպես դու ինձ չես հասկանում, որ անհետաձգելի գործեր ունեմ...

— Եթե ինձ սիրում ես, Ստեփանոս, այս մի անգամը թո՛ղ գործդ, և գնանք իշխանուհու մոտ:

— Դու դարձյալ քոնն ես պնդում, Նունե: Ախար ի՞նչ օգուտ իմ այնտեղ գալուց... իսկ գործերիցս ետ ընկնելով ես վնաս կկրեմ, մեծ վնաս... — ասաց այլաբանորեն ամուսինը մի առանձին զգացողությամբ նայելով կնոջ աչքերի մեջ, կարծես թե կամենալով հասկացնել, թե որքան վտանգավոր է նրա այդ թախանձանքը:

Կինն ստիպված էր լռել: Դեպի իշխանուհին ունեցած ամուսնու արտասովոր վարմունքի մասին նա սկսեց կասկածել, բայց թե ի՛նչ — այդ ինքն էլ չգիտեր: Յուր այդ անորոշ կասկածանքին մի որոշ պատկեր տալու նա ոչ մի կերպ չկարողացավ: Սակայն պարոն Հարունյանը չէր կարող միշտ խույս տալ իշխանուհուց, որքան էլ այդ կամենար: Կնոջ և իշխանուհու կասկածը փարատելու համար նա երբեմն այցելում էր այս վերջինիս կամ նրա իրենց տուն եղած ժամանակ մնում էր տանը և աշխատում էր իրեն ոչ մի բանով չմատնել:

Բայց իշխանուհի Մելիքյանի սրատես և փորձված աչքերից ոչինչ չէր կարող խուսափել: Նա այնպիսի կիներից էր, որոնք ամենաչնչին բանի վրա անգամ մատների միջից են նայում: Նա ամեն բան հասկանում էր այնպես, ինչպես հասկանում, թե այդ ժամանակ ի՛նչ էր կատարվում յուր մեջ: Նրա կատաղությունը սաստիկ գալիս էր, որ այդ մարդը, որին ինքը սիրում էր, կարողանում է դեպի նա այնպես սառնասրտությամբ վերաբերվել և ավելի ևս, որ այդ մարդը նույնպես սիրում էր նրան: Նա ինքն էլ չէր հասկանում, թե ի՛նչ սոսկալի բան էր կատարվում յուր մեջ, երբ մտածում էր, որ այդ մարդը կարողանում էր դեմ կենալ մի այնպիսի զգացմունքին, որպիսին էր սերը, այնինչ ինքը — կինը՝ սիրո գլխավոր առարկան, որն ամեն տեղ, ամեն հանգամանքներում և ամեն ժամանակ միշտ հաղթող է հանդիսացել՝ անձնատուր է եղել այդ սիրույն, նրա ստրուկն է դարձել, որ ամենասոսկալի կերպով այրում, կրծում է նրա սիրտը: Նա երազել անգամ չէր կարող, որ կինն այս աստիճան կարող է ընկնել, որ դուրս գա մի տղամարդ, կարողանա նրան հաղթել, նրա վրա իշխել. ընկնե՛լ... և այն էլ մի այնպիսի գեղեցկուհին, որպիսին է ինքը, ինքը, որի առաջ հարյուրավոր այդպիսի մարդիկ, որպես սուրբի առաջ, ծունկ են խոնարհել, որի ամեն մի հայացքից հարյուրավոր այդպիսի մարդիկ նոր կյանք են ստացել, որի մի խոսքից միայն կախված է եղել հարյուրավոր այդպիսի մարդկանց մահու և կենաց խնդիրը... իսկ ա՞յժմ: — Այժմ այդ միևնույն գեղեցկուհին պատրաստ է մի տղամարդի առաջ չոքելու, նրա յուրաքանչյուր հայացքից նոր կյանք ստանալու, նրա յուրաքանչյուր խոսքից միայն մահու և կենաց խնդիրը լուծելու... Ինչո՞ւ հանկարծ այդպես Ոլիմպոսի բարձրությունից ցա՛ծ ընկնել մինչև ամենահասարակ մահկանացուների շարքը... Օ՛, ոչինչ է ուրեմն աշխարհի ստեղծմանից մինչև այժմ գտնված բոլոր բանաստեղծների գոված, փառաբանած սերը, գեղեցկությունն, երբ այժմ մի պարոն Հարունյան ամենահանդուգն կերպով ծաղրում է դրանց... Ոչի՞նչ է, ոչի՞նչ գեղեցկությունը — Աստղիկը, որի առաջ մինչև անգամ գո՛ռոզ աշխարհակալներ խոնարհել են իրենց սրերը...

Նա չէր իմանում, թե ի՛նչ աներ: Որքան շատ էր մտածում այդ մասին, այնքան ավելի ո՛ւ ավելի նրա կատաղությունը բորբոքվում էր: Պարոն Հարունյանի արտասովոր վարմունքը դիպչում էր նրա «կնային գերիշխանության» ամենաքնքու լարերին... Սակայն ի՞նչ կարող էր նա անել, խո չէ՞ր կարող քայլ առ քայլ հետամտել նրան և զոռով ստիպել նրան յուր առաջ չոքելու և համբուրելու յուր ձեռքերը... Ո՛չ, ո՛չ, հազա՛ր ամոթ, այլևս ինչո՞ւ է նա գեղեցկուհի կոչվում, երբ այդ բոլորը ստիպմամբ պետք է լինի, չէ՞ որ դրանով առավել ևս ստորանում է կինը, գեղեցկությունը, վերջապես ինքը՝ անձնասեր, գոռոզ իշխանուհի Մելիքյանը, որի մեջ մարմնացած են այդ անհաղթելի ուժերը...

Բայց գուցե այդ մարդը չէ սիրում նրան, և նա այդպես միայն կարծում է, նրան այդպես միայն թվում է... Բայց եթե նա իսկապես նրան չէ սիրում և ոչինչ երկյուղ չունե նրանից, էլ ինչո՞ւ նրանից միշտ խույս է տալիս... Ո՛չ, անկարելի է այդ բանի մեջ սխալվել, նրա աչքերը նոր չպետք է սովորեն այդ արհեստը... Նա համոզված է, հաստատ համոզված է, որ այդ մարդն իսկապես սիրում է իրեն, բայց որ նա այդպես համառ կերպով կռվում է այդ սիրո դեմ — դրանով կամենում է ցույց տալ յուր ամուսնական հավատարմությունը... (նա արդեն ծանոթ էր պարոն Հարունյանի բնավորության հետ): Վերջին բանի մասին մտածելիս իշխանուհու դեմքի վրայով մի հեգնական ժպիտ էր վազում:

Այժմ նրա կատաղությունը դարձավ և տիկին Հարունյանի վրա: Առանց երկար մտածելու, նա ամեն բանի մեջ մեղավորը նրան էր գտնում, չէ՞ որ ամուսնուն նա էր խանգարում, մինչև անգամ իշխանուհին կարծում էր, որ ամուսնուն նա էր արգելում իրեն այցելելու: Եվ նա սկսեց ատել յուր նախկին ամենասիրելի ընկերուհուն: Իսկ վերջինս, բոլորովին ոչինչ չկասկածելով այդ բանի մասին, շարունակում էր նրան առաջվա նման անկեղծորեն սիրել և միշտ այցելել նրան: Սակայն նա չէր կարող մի քանի անգամ չնկատել իշխանուհի-ընկերուհու սառը վարմունքը, որը վերջինս հազիվ էր կարողանում զսպել. բայց նա ի՞նչ կարող էր կարծել, թե այդ ի՛նչ բանի համար է:

Իշխանուհի Մելիքյանի ատելությունը դեպի տիկին Հարունյանը մինչև այն աստիճան հասավ, որ նա մի քանի անգամ, նրա այցելության ժամանակ, աղախնին հրամայեց նրան հայտնելու, որ ինքը տանը չէ, կամ հիվանդ է, կարող չէ ընդունել: Իհարկե, այդ հանկարծակի փոփոխությունը չէր կարող աննկատելի մնալ տիկին Հարունյանից, որին ոչինչ չէր մնում անել, եթե ոչ միայն զարմանալ, ապշել:

Այնուհետև նրանց այցելությունները բոլորովին նվազացան: Ամբողջ շաբաթներ էին անցնում, և նրանք հազիվ թե երկու, երեք անգամ տեսնվում էին միմյանց հետ և այն էլ կարճ ժամանակով, այնպես որ տիկին Հարունյանը ժամանակ չէր ունենում հարցնելու իշխանուհուն նրա այդ հանկարծակի փոփոխ՛ության պատճառը և, բացի դրանից, նա մի այնպիսի բնավորություն ուներ, որ չէր կարողանում մի անգամից վճռել այդ բանը, նա շատ քաշվում էր, երբ տեսնում էր իշխանուհու կիտած հոնքերը և սառը ընդունելությունը: Բայց նա այնքան սիրում էր յուր նախկին ընկերուհուն և դրա այդ անսպասելի փոփոխությունն այնպես ազդել էր նրա սիրող սրտի վրա, որ երկար չկարողացավ համբերել և մի անգամ հարցրեց նրանից պատճառը: Իշխանուհի-ընկերուհին բավականացավ միայն պատասխանելով, որ վերջին ժամանակները մի տեսակ գլխի ցավ է ստացել, այնպես որ ոչ ոքի հետ խոսել անգամ չէ կարողանում և ստիպված է միշտ տանը փակված մնալ, իսկ բժիշկները չեն կարողանում օգնել: Տիկին Հարունյանը հավատաց և սաստիկ տխրեց: Որ իշխանուհին չէր այցելում Հարունյաններին, նա, իհարկե, դրանով կամենում էր միայն յուր ջիգրը հանել պարոն Հարունյանից. բայց նա տեսնում էր, որ այդ իրեն արժան չէր նստում, որովհետև յուր դեպի պարոն Հարունյանն ունեցած սերը հետզհետե բորբոքվում էր և նրան հանգստություն չէր տալիս: Իսկ պարոն Հարունյանն անլսելի համառությամբ կռվում էր յուր մեջ գործող զգացմունքի դեմ և նրան թվում էր, որ այդ զգացմունքը հետզհետե ընկճվում է յուր ուժերի ներքո: Կնոջ հետ նա վարվում էր նույնպես, ինչպես և առաջ, նա ամեն անգամ գուրգուրում էր նրան, համբուրում էր, կատակներ էր անում նրա հետ, այնպես որ կինը կասկածել չէր կարող, որ նրա սրտի մեջ գոյություն ուներ մի ուրիշ սեր, որ ամեն կերպ աշխատում էր նրան դեպի մի ուրիշը քաշել, բայց որի դեմ նա հաղթությամբ պատերազմում էր...

Իսկ Արմենա՞կը: Արմենակը գրեթե ողջ օրը փակված յուր սենյակում՝ զբաղված էր յուր օրինագրքերով և շատ քիչ ուշադրություն էր դարձնում, թե ինչ է կատարվում յուր շուրջը:

Թ

ՆԵՐՔԻՆ ՊԱՏԵՐԱԶՄ

Այնինչ արդեն սկսվել էին ամառվա շոգ և տոթ օրերը: Պարոն Հարունյանն արդեն արձակուրդ էր ստացել պաշտոնից և ընտանիքի ու եղբոր հետ պատրաստվում էր ամառանոց գնալ, առավելապես նրա համար, որպեսզի բոլորովին ազատված լինի իշխանուհի Մելիքյանից:

Նախքան ամառանոց գնալը տիկին Հարունյանը հարկ համարեց այցելել յուր նախկին ընկերուհուն, թեպետև կոտրած, բայց առավել ևս սիրող սրտով: Նա գնաց իշխանուհու տուն, աղախինին հարցրեց, թե կարո՞ղ է արդյոք տիրուհին ընդունել: Աղախինը վազեց իշխանուհու մոտ, վերադարձավ և ասաց, որ կարող է ընդունել: Դողդոջուն և անհաստատ քայլերով նա մտավ իշխանուհու շքեղ կահավորյալ սենյակը, նախապես ակամայից պատկերացնելով յուր առաջ նրա սառը ընդունելությունը: Իշխանուհին նստած էր բազկաթոռի մեջ՝ լուսամուտի մոտ. նրա առաջ՝ կլոր փոքրիկ սեղանի վրա դրած էր ինչ-որ աման, որ, ինչպես երևում էր, մինչև տիկին Հարունյանի գալը կարդալիս էր եղել: Նրա դեմքն արտահայտում էր ավելի կատաղություն, քան վիշտ, ավելի ատելություն և արհամարհանք, քան տխրություն և մելամաղձություն. իսկ վարդագույն շրթունքների վրա և կիսախուփ աչքերի մեջ փորձված աչքը հազիվհազ կարող էր նկատել մի տեսակ հեգնական, ինքնավստահ ժպիտ: Տիկին Հարունյանը նույն անհաստատ քայլերով մոտեցավ նրան և բարևեց: Իշխանուհին հազիվհազ տվավ նրան յուր մատների ծայրերը: Տիկին Հարունյանը նստեց նրա մոտ:

— Ի՞նչպես ես, Սոֆիա, — հարցրեց նա անվճռականությամբ: — Գլխիդ ցավն անցե՞լ է:

— Ոչ:

— Բժիշկներն ի՞նչ են ասում:

— Ոչինչ ասել չեն կարողանում:

Մի րոպե ծանր լռություն տիրեց:

— Ես զարմանում եմ, թե այդ ի՞նչպիսի գլխացավ է, որ ոչ ոք չէ

կարողանում բժշկել, Սոֆիա, — ընդհատեց այդ լռությունը տիկին Հարունյանը:

— Չգիտեմ:

— Դարձյալ ծանր լռություն: Իշխանուհին նայում էր դուրս, իսկ տիկին Հարունյանը նրա դեմքին:

— Սոֆիա, — վերջապես երկար տատանմունքից հետո խոսեց դարձյալ վերջինս, — մենք մի որևիցե բանով քեզ... խո չե՞նք վիրավորել...

Իշխանուհին դեմքը դարձրեց դեպի նա:

— Վիրավորե՞լ... ի՞նչ բանով...

— Ես ի՞նչ գիտեմ... Ո՞վ գիտե... գուցե... շատ կարելի է մենք քեզ մի որևիցե բանով անգիտակցաբար վիրավորել ենք... և դու իրավունք ունիս մեզանից նեղանալու.. բայց եթե իսկապես մեր մեջ մի այդպիսի բան պատահել է, ահա ես իսկույն պատրաստ եմ քեզանից ներողություն խնդրելու... և, իհարկե, դու մեզ կներես...

Իշխանուհին ավելի խոր նայեց յուր նախկին ընկերուհու դեմքին, նա, երևի, կամենում էր նրա վրա մի որևիցե կարծիք գտնել, բայց նրա դեմքն այնքա՛ն հեզ էր, այնքա՛ն խոնարհ և անկեղծ սեր արտահայտող...

— Մեր մեջ ոչինչ այդպիսի բան չէ պատահել. Նունե... ասաց նա, — դու իզուր ես այդպես կարծում

— Հապա ինչո՞ւ մենք այսպես ենք հանդիմանում միմյանց...

— Ասում եմ՝ գլուխս է ցավում... խոսել չէ թողնում ինձ:

Տիկին Հարունյանն այլևս ոչինչ չհարցրեց:

— Սոֆիա, վաղը մենք ամառանոց ենք գնում, — ասաց նա մի րոպե լռությո՛ւնից հետո:

— Ամուսի՞նդ է տանում, — շտապով հարցրեց իշխանուհին:

— Այո: Եթե դու էլ մեզ ընկերակցեիր, Սոֆիա... — ավելացրեց տիկին Հարունյանը կամաց և անվճռական եղանակով: — Գլխիդ ցավը գլխավորապես այս շոգերից է. իսկ ամառանոցում, իմ կարծիքով, կարող է այդ անցնել... Ամառանոց կգնաս, այնպես չէ՞, Սոֆիա:

— Տեսնեմ:

Պարզ երևում էր, որ իշխանուհին երկար խոսել չէր կամենում: Տիկին Հարունյանն, իհարկե, տեսնում էր և այդ վերագրում էր նրա գլխացավին: Մի քանի րոպե դարձյալ նրանք լուռ մնացին: Վերջապես տիկին Հարունյանը վեր կացավ, ներողություն խնդրեց, որ յուր այցելությամբ նրան անհանգստություն պատճառեց և մնաս բարով ասելով, դուրս գնաց: Նրա սիրտն այդ այցելությունից ավելի կոտրվեց:

Հետևյալ օրն առավոտյան Հարունյաններն ճանապարհ ընկան դեպի ամառանոց:

Իսկ իշխանուհին մնաց մենակ՝ իրեն պաշտող Պետրովի հետ: Անկարելի է նկարագրել, թե ինչ էր կատարվում նրա ներսն այդ ժամանակ, անկարելի է պատմել այն կատաղությունն ու հուսահատությունը, որ պաշարել էին նրան այդ ժամանակ: Հարունյանը փախա՛վ նրանից, հեռացա՛վ և տարավ յուր հետ նրա սիրտը, հոգին, միտքը — նրա բոլոր գոյությունը... — Տարա՛վ, հափշտակե՛ց այդ ամենը, թողնելով նրան միայն վիշտ, ծանր կեղեքիչ, անտանելի վիշտ... Եվ առաջին անգամ յուր ողջ կյանքի մեջ, իշխանուհի, գոռոզ, հպարտ իշխանուհի Մելիքյանի գեղեցիկ աչքերից արտասուք, ծանր, դառն, արտասուք թափվեց... Մինչև այժմ, որ Հարունյանը միշտ խույս էր տալիս նրանից — այդ նա դեռ կարողանում էր տանել, որովհետև, որքան էլ այդ մարդը իրեն հեռու պահեր նրանից, այնուամենայնիվ, նրանք դարձյալ երբեմնակի տեսնում էին միմյանց, խոսում էին միմյանց հետ. բայց որ այժմ դա արդեն ամիսներով է հեռացել նրանից և այն էլ առանց նրան տեսնելու — այդ բոլորովին անտանելի է: Այդ բոլորից պարզ կերպով երևում է, որ այդ մարդը ոչ թե միայն չէ կամենում նրա հետ հարաբերություն ունենալ, այլև արհամարհում է նրան...

Նա չէր հասկանում սիրո՞ւմ էր, թե ատում այդ մարդուն, որի կամա անտարբերությունը կրկնապատկվում էր դեպի նա: Եթե ատում էր, հապա ինչո՞ւ այդ մարդու բացակայությունը նրան ստիպում էր միշտ և միայն նրա վրա մտածել, նրան պատկերացնել յուր առաջ... Եթե սիրում էր, հապա այն ի՞նչ անզուսպ կատաղության կրակ էր, որ բորբոքվում էր նրա սրտի մեջ դեպի այդ մարդը... Միևնույն Ժամանակ նա պատրաստ էր և՛ խմել նրա արյունը, և՛ գրկել, համբուրել նրա ոտները... Ո՛չ, նա իսկապես և գժվածի պես սիրում էր այդ համառ մարդուն, սիրում էր այնպես, ինչպես տակավին յուր ողջ կյանքի մեջ ոչ ոքին չէր սիրել, բայց այդտեղ տանջվում էին միայն կնոջ սրտի քնքուշ լարերը, որոնց հետ խաղում էին ինչպես ամենահասարակ խաղալիքի հետ...

Իշխանուհի Մելիքյանը շատ լավ հասկանում էր, որ

Հարունյանն յուր ամիսներով բացակայությունից շատ կարող էր օգտվել, այդ ժամանակամիջոցը բավական էր նրա պես մի համառ, հաստատակամ մարդու համար, որ նա սառեցնի յուր մեջ դեպի իշխանուհին տածած սերն և սովորի նրա վրա նայել բոլորովին անտարբերությամբ: Բայց իշխանուհի Մելիքյանն այդ չէր կամենում, նա չուներ այդ մարդու հաստատակամությունը, համառ բնավորությունը, որ նույնպես կարողանար օգուտ քաղել այդ բացակայությունից և հանգցնել յուր մեջ դեպի նա տածած բորբոքվող սիրո բոցը: Նա հենց առաջին օրից բոլորովին անձնավստահորեն և հոգով ու մարմնով էր անձնատուր եղել այդ սիրույն, կատարյալ հույս ունենալով ապագայում յուր հաջողության վրա. բավական էր, որ նա սիրում էր — և Հարունյանին, առանց մի վայրկյան անգամ կասկածելու, երկմտելու, իրենն ու իրենն էր համարում... Բայց այժմ, երբ նա տեսնում է ամենադառը կերպով սխալվել է յուր հույսերի մեջ արդեն ուշ է. Փայփայած, երես առած սերը անում է յուրը, պահանջում է յուրը, և նրան հակառակ գնալ — շա՛տ ու շա՛տ դժվար է...

Այլապես անկարելի էր, որ իշխանուհի Մելիքյանի նման հրաշալի գեղեցկության տեր մի կինը, որ ամեն ժամանակ այդպիսի դեպքերում հաջողություն է գտել, մեկին հավանելով, սիրելով նրան — կարողանար գեթ մի վայրկյան կասկածել, որ փոխադարձություն չէր կարող ստանալ և ավելի — սիրած մարդու կողմից միայն համառ անտարբերության կարող էր հանդիպել: Այդ բանը, գոնե յուր վերաբերությամբ, նա անկարելի էր համարում, ինչպես անկարելի է, որ իսկական մագնիսը չկարողանա քաշել դեպի ինքն ուրիշ մետաղներ: Բացի դրանից, ինչպես յուր անձնական փորձերից, նույնպես և յուր կարդացած ռոմաններից նա այն հաստատ համոզմունքին էր հասել, որ ամեն անգամ հաղթող է հանդիսանում կինը, գեղեցկությունը, որ ոչինչ ուժ աշխարհիս մեջ դրանց առաջն առնել կարող չէ: Տակավին ո՛չ մի փորձ, կրկնում ենք, նրան հակառակը չէր ցույց տվել, տակավին ո՛չ մի ռոմանի մեջ նա չէ պատահել մի այնպիսի սիրային արկածի, ուր կինը, գեղեցկությունն անտարբերությամբ անցնվեր, հաղթահարվեր տղամարդի կողմից... Իսկ ա՞յժմ: — Այժմ նա պարզ կերպով տեսնում էր, որ այդ բանումն էլ բացառություններ կարող են լինել, որ աշխարհումս դեռ կարող են գտնվել մարդիկ, որոնք կարող են ընդդիմանալ կնոջ և գեղեցկության: Բայց ո՜րքան բարձր, ո՜րքան գովելի է այդ բացառությունը, նույնքան ողորմելի են այն մարդիկ, որոնք կնոջ առաջ գետին են ընկնում: Այս վերջին կարգի մարդիկ այժմ նրա աչքում մի-մի թզուկներ, մի-մի չնչին արարածներ էին թվում, որոնց յուր մի հայացքով միայն կարողանում էր յուր հլու հպատակն, յուր ստրուկն դարձնել: Նա փոքր առ փոքր հրաժարվում էր նրանց մարդ անվանելուց, նրանց մեջ մի որևիցե ուժ ճանաչելուց: Հարունյանին աչքի առաջ ունենալով, այդ մարդկանց ուժը, հետզհետե չնչին ու չնչին երևալով, հասնում էր զրոյի, որին հաղթելու յուր նման մի գեղեցիկ կնոջից այնքան մեծ ուժ չէր պահանջում: Ուրեմն ի՞նչ մեծ հերոսություն էր անում նա, երբ այդպիսի չնչին ուժ ունեցող մարդկանցից հարյուրներով էր յուր ստրուկը դարձնում, ի՞նչ մեծ հաղթության բավականություն էր ստանում նա, երբ այդ մարդիկն այնքան չնչին, այնքան թույլ, այնքան ողորմելի արարածներ էին...

«Այն ժամանակ միայն ես մեծ հերոսություն արած կլինեմ, ինձ գերիշխող համարած կլինեմ, երբ այդ չնչին, «ողորմելի մարդկանց տեղ ստրուկ կդարձնեմ Հարունյանին», — վերջ տվեց իշխանուհի Մելիքյանն յուր մտածության:

Այժմ ի՞նչ անեմ: Իհարկե, ձեռքերը խաչած չպիտի նստեմ: Պետք է գործել, պետք է հետամտել պարոն Հարունյանին, մի րոպե անգամ հանգստություն չպիտի տալ նրան: Հերոսություն չէ փախչել մի կնոջից և նրան հաղթված համարել, թո՛ղ նա պատերազմի դեմ առ դեմ, եթե ունի այդ ուժն, և հաղթե նրան... Այո՛, այդ դեպքում միայն նրա պատերազմը պատերազմ կարելի է համարել և հաղթությունը — հաղթություն, այդ դեպքում միայն կինը կարող է նրա ստրուկը դառնալ և խոստովանել, որ կնոջ ուժն անպայման կարելի չէ գերակշռող համարել տղամարդի ուժից... Այո՛, թող Հարունյանն այդ ապացուցի գործով — և այնուհետև՝ հաղթել է գեղեցիկ իշխանուհի Մելիքյանին: Այն ժամանակ միայն նա իրավունք ունի գոռալու ամբողջ աշխարհի մեջ ի գիտություն բոլոր չհավատացողների, որ այո՛, տղամարդի ուժը կարող է գերակշռել կնոջ ուժից:

«Մի դողար, եթե այր ես, պարոն Հարունյան — ես գալիս եմ քո ետևից: Ես իշխանուհի Մելիքյանը չեմ լինի, եթե քո այդ խիստ ամուսնական հավատարմությունդ ոտիս տակ չառնեմ…»:

Եվ նա վճռեց անպատճառ գնալ Հարունյանների ետևից: Բայց դարձյալ երեւս առած պատվի զգացմունքը բարձրացրեց յուր անողոքելի ձայնը, որ այդ բանը հպարտ իշխանուհի Մելիքյանի կողմից ստրկություն է համարում: Սակայն ինքը՝ հանգամանքը, դեպքերի զուգադիպությունն օգնեց նրան այդ բանում: Նա իմացավ, որ Հարունյանները գնացել են հենց այն ամառանոցն, որտեղ գտնվում էր նրա ծնողների գեղեցիկ դաստակերտը, որ, նրանց մահից հետո, ի թիվս մյուս բոլոր կալվածքների, մնացել էր նրան իբրև ժառանգություն: Առանց այն էլ, նա մտադիր էր ամառն յուր այդ դաստակերտում անցկացնելու: Ուրեմն պարոն Հարունյանը տեղիք չի ունենալ կարծելու, որ իշխանուհի Մելիքյանը նրան հետամուտ լինելու դիտավորությամբ է գնացել միևնույն ամառանոցն, ուր և ինքը: Ուրեմն պետք է շտապել քանի որ պարոն Հարունյանի սրտում տակավին շարունակվում էր վառվել դեպի իշխանուհին ունեցած սերն, և քանի որ այդ սիրո կրակը չէր հանգել: Պետք է շտապել նորից բորբոքելու այդ սիրո կրակն այնպես, որ ոչինչ համառ բնավորություն, ոչինչ հաստատակամություն նրան հանգցնել չկարողանա:

«Այժմ դու արդեն իմ ձեռքին ես, պարոն Հարունյան: Դու կարծում ես, թե ես այդպես հեշտ կթողնեմ արհամարհելու, ծաղրելու սերը, կնոջ ուժը... Օ՜, զգուշացի՛ր, զգուշացի՛ր, այդ շատ հանդուգն քայլ է...»:

Երկու օրից հետո, երբ իշխանուհին պատրաստվում էր գնալու ամառանոց, Պետրովը դարձյալ այցելեց նրան:

— Դարձյալ դո՞ւք, դարձյալ դո՞ւք, — կանչեց առանց այն էլ կատաղած իշխանուհին: — Դուք ինձ վերջապես հանգիստ կթողնե՞ք, թե ոչ...

Պետրովը չոքեց նրա առաջ և աղերսագին տեսք ընդունեց:

— Իշխանուհի, — ասաց նա դողդոջուն ձայնով, — ինչո՞ւ դուք առավել ևս դառնացնում եք իմ թշվառ կյանքը... դուք գիտեք, թե ո՛րտեղից որտեղ եմ եկել ես ձեր անգին սիրո համար... Դուք գիտեք, թե որքան և ինչ սոսկալի կերպով ես տանջվել եմ այդ սիրուց... Այս մի ամբողջ, անվերջ տարին ես ոչ հանգիստ քուն ունեմ և ոչ փոքր-ինչ ազատ մտածություն... Իմ սիրտս դառն է եղել ավելի, քան թույն, իմ միտքս աղոտ, մութ, խճճված է եղել ավելի, քան մի սոսկալի քաոս, որի մեջ ես ոչինչ, ոչինչ չեմ կարողացել որոշել, բացի ձեր աներկրային, հրեշտակային պատկերը, որ դրոշմված է եղել ուղեղիս և սրտիս վրա, որպես մի անջնջելի պայծառ վիմագրություն... Եվ հոգու աչքերով ես նայել եմ այդ պատկերին, նայել եմ և սքանչացել, նայել եմ և լաց եղել, իմ տանջանքս կրկնապատկվել է... Անթիվ անգամ, գիշերային լռության մեջ, չեմ կարողացել քնել, ինձ թվացել է, թե լսում եմ ձեր ձայնը, ձեր ձայնը, որպես մի դյութիչ, երկնային մեղեդի, որ թափանցել է մինչև սրտիս ամենամութ խորշերը, որտեղից և դուրս է խլել հառաչանքներ, դեռ չլսված սիրո անվերջ, դառը հառաչանքներ, իսկ աչքերիցս՝ դեռ չտեսած արցունքի խոշոր կաթիլներ, որոնցից ամեն մեկի մեջ դարձյալ և դարձյալ ձեր անգին, սիրակաթ պատկերն եմ տեսել... իշխանուհի՛, երկնայի՛ն արարած, ահա այժմ ես ընկած եմ ձեր առաջ, դուք կարող եք ինձ իսկույն նեթ ոտի տակ տալ ինչպես մի չնչին արարածի, ինչպես մի մրջյունի, և ես շշունջ անգամ չեմ հանիլ... Բայց ես հուսով եմ, որ դուք վերջապես կխղճաք ինձ — այս թշվառ, այս անբախտ արարածիս և չե՛ք խորտակիլ իմ տանջված սիրտը... Փոխադարձությո՛ւն, իշխանուհի, փոխադարձությո՛ւն...

Իշխանուհին կանգնած էր անշարժ, որպես արձան: Նա չէր նայում Պետրովին, այլ նրա աչքերը սևեռած էին սենյակի մութ անկյունին: Պետրովի տեղ յուր առաջ չոքած նա երևակայում էր պարոն Հարունյանին, նրա ձայնի տեղ — պարոն Հարունյանի ձայնը — և նա յուր համար ևս անզգալի կերպով սկսում էր փոքր առ փոքր ինքնամոռացության մեջ ընկնել: Այնքա՛ն սքանչելի, այնքա՛ն հոգեզմայլ էին թվում նրան այն խոսքերը, որ լսում էր նա այդ ժամանակ... Այդ այն խոսքերն էին, որ նա վաղուց փափագում էր լսել Հարունյանի բերանից և գիտեր, թե այդ ինչ խո՛սքեր էին... Պետրովը, տեսնելով իշխանուհու հոգեզմայլ ինքնամոռացությունը, առավել ևս խրախուսվում էր, կարծելով, թե արդեն սկսել է գրավել նրա սիրտը դեպի ինքը, և առավել ևս մեղմացնում էր յուր ձայնը, որպեսզի ավելի լավ ազդեն յուր խոսքերը նրա վրա: Յուր վերջին խոսքերի հետ նա կամաց առավ նրա ձեռքը, իշխանուհին նույն ինքնամոռացության մեջ այդ թույլ տվավ նրան, կարծելով, թե յուր ձեռքը առնում է Հարունյանը. բայց երբ յուր աչքերը անկյունից դարձրեց առջևը չոքած մարդու վրա, մի ակնթարթում նա հիասթափվեց, ճանաչեց յուր առջև չոքած մարդուն և իսկույն նեթ զզվանքով, արհամարհանքով խլելով յուր ձեռքը նրա ձեռքից, որին նա կամենում էր մոտեցնել յուր շրթունքներին — շտապով դուրս գնաց սենյակից:

Պետրովը մնաց տեղն ու տեղը չոքած, սառած, ապշած, ինչպես մի երեխա, որի ձեռքից հանկարծ թռչում էր որսած թռչունը: Մի րոպե նա մնաց նույն դրության մեջ, հետո վեր կացավ և, դարձյալ չկարողանալով խելքը գլուխը հավաքել, դուրս գնաց: Դուրսը նա տեսավ իշխանուհու ճանապարհորդական կառքը, որի վրա նրա ծառաները բաներ էին դարսում: Նա մոտեցավ իշխանուհու աղախնուն, որ կանգնած էր կառքի մոտ և հարցրեց.

— Իշխանուհին ուրիշ տե՞ղ է գնում:

— Այո:

— Ո՞ւր:

— Ամառանոց:

— Ո՞ր ամառանոցը:

Աղախինը տվավ ամառանոցի անունը: Պետրովը հեռացավ:

— Մի ժամից հետո իշխանուհին յուր աղախնի հետ շտապում էր դեպի ամառանոց Հարունյանի ետնից:

Ժ

ԱՄԱՌԱՆՈՑՈՒՄ

Ամառանոցն, ուր բնակվում էին Հարունյաններն և ուր գտնվում էր իշխանուհի Մելիքյանի ժառանգական դաստակերտը, շրջապատված էր անտառով, որի շնորհիվ և ամառանոցի օդն այնքան զով և առողջարար էր: Անտառի մեջ կտրատում էին միմյանց զանազան լայն ու նեղ ճանապարհներ, ինչպես այգիի ճեմելիքներ՝ ծածկված անթիվ ծառերի սաղարթախիտ ճյուղերով, որոնց տակը բնավ չէին թափանցում անտառային արևի հրատապ ճառագայթները: Այդ ճանապարհները, որոնք տանում էին հեռուն՝ դեպի անտառի խտությունններն, ուր և նրանք դարձյալ միանում էին միմյանց հետհատկապես շինված էին ամառանոցի բնակիչների համար, որոնք ամեն օր դուրս էին գալիս այդտեղ զբոսանքի:

Պարոն Հարունյանը, որին փոքրիշատե հաջողվել էր սառեցնել յուր մեջ ապօրինի սիրո զգացմունքը, գրեթե ողջ օրն յուր կնոջ, որդու և եղբոր հետ անց էր կացնում այդ անտառում:

Նրանք առանձնանում էին անտառի խտության մեջ և, նստելով կանաչ խոտերի վրա, հովասուն ծառերի մշտական ստվերի տակ՝ Արմենակը թերթում էր յուր օրինագիրքը, մի քանի քայլ հեռու փոքրիկ Հայկանուշը խաղում էր յուր դայակ-դաստիարակչուհու հետ, իսկ պարոն Հարունյանն ու յուր կինը պարապում էին ընթերցանությամբ, կամ՝ բոլորը միասին հավաքվելով՝ պարապում էին քաղցր խոսակցությամբ: Մի տեսակ անպատմելի թեթևություն էր զգում Հարունյանն, երբ նայում էր յուր կնոջ խոնարհ, անհոգ աչքերին և գիտեր, որ յուր սրտի վրա ոչինչ հանցանք չէ ծանրացած դեպի նա, նամանավանդ, որ այդ հանցանքի առիթն ակամայից ներկայանալով, նա ի բոլոր սրտե ցանկանում էր նրանից հեռու փախչել: Այո՛, թեպետ նոր սեր կլանել էր նրա ամուսնական սիրույն, բայց և այնպես նրա խիղճը չէր կարող տանջել նրան, քանի որ նա չէր անձնատուր եղել այդ նոր սիրույն և երբեք էլ չէր կամենում նրան անձնատուր լինել, այլ, ընդհակառակը — կամենում էր դուրս կորզել նրան յուր սրտից և նորից տեղ տալ ամուսնական ամենաքաղցր, ամենահանգիստ սիրույն:

Փոքրիկ Հայկանուշին — իրենց այդ միակ զավակին՝ հայր և մայր սիրում էին ծնո՛ղական ամենաքնքույշ սիրով, գորովով: Ինչպես կինը, նույնպես և ամուսինն այդ զավակի մեջ տեսնում էին այն անխզելի կապը, որ անպայման կերպով միացնում էր նրանց միմյանց հետ: Այդ զավակն էր գլխավոր պատճառը, որ Հարունյանը ոչինչ հարաբերություն չէր կամենում ունենալ իշխանուհի Մելիքյանի հետ, որ նա այնպես, գրեթե անձնազոհությամբ, պատերազմում էր անդադար յուր մեջ բորբոքվո՛ղ ապօրինի սիրո դեմ: Այդ զավակը, կարծես, մատակարարում էր նրան նոր ուժ, նոր եռանդ՝ շարունակելու մինչև վերջն այդ բարոյական պատերազմը: Այդ սիրուն փոքրիկ երեխայի ամեն մի թոթովանք, մանավանդ երբ այդ նրա անունն էր լինում — «հայրիկը» նրան ամեն բան մոռացնել էր տալիս և, իսկույն առնելով նրան յուր հայրական գրկի մեջ, նա անդադար սեղմում էր յուր կրծքին, որի տակ ցնծում էր նրա սիրտը, խնդում էր նրա հոգին: Նա սկսում էր համբուրել այդ հրեշտականման երեխայի անմեղ, քնքուշ, փոքրիկ շրթունքները, որոնցով նա արտասանում էր «հայրիկ» երկնային, կյանք տվող բառն ամեն մի հոր, և մի տեսակ պայծառ հայացքով ու անխոս՝ նայում էր յուր կնոջ քաղցր ժպտող աչքերին, կարծես, հայտնելով նրան յուր անհուն շնորհակալությունն, յուր բոլոր երախտագիտության զգացմունքը, նրա պարգևած այդ ամենաքաղցր երջանկության համար: Օ՜, ի՞նչը կարող էր մրցել ծնողական այդ երկնատուր, նվիրական երջանկության հետ...

Մյուս կողմից, տեսնելով յուր բարի, խոնարի, հավատարիմ կնոջը, որ բոլոր սրտով կապված էր նրա հետ, որ նրա մեջ էր գտնո՛ւմ յուր ամուսնական երջանկությունն և անպայման հավատում էր նրա հավատարմությանը — նա զգում էր, որ խիղճն երբեք չէր կարող իրեն ներել, եթե նա դրանից խլեր յուր սիրտը — ամուսնական երջանիկ սիրո այդ քաղցրատենչ աղբյուրը — և ընծա բերեր մի ուրիշ, օտար կնոջ: Եվ ինչո՞ւ հավատարիմ չլինել կնոջն, երբ կինը նրան հավատարիմ է: Ինչո՞ւ քակտել ամուսնական ամենասուրբ, նվիրական պայմաններն, երբ նա երբե՛ք իրավունք չունի այդ անելու, բացի դրանից, երբ այդ քակտման հետևանքը բարոյական սոսկալի տանջանք էր: Աստծո սուրբ տաճարի մեջ բազմաթիվ վկաների առաջ, հրապարակորեն նա ուխտել էր հավատարիմ մնալու յուր կնոջը՝ մինչև մահ ու գերեզման և միայն նեթ այդ սրբազան ուխտն անբիծ պահպանելու մեջ է կայանում իսկական ամուսնության բարոյական ամենաքաղցր երջանկությունը: Նա այդ բոլորը հասկանում էր. և ի՛նչ մեծ սխալ, հանցանք կլիներ նրա կողմից, որ յուր այդ սեփական երջանկությունն յուր կամքով մի կողմը հրեր և անձնատուր լիներ ամենասոսկալի թշվառությանն... Ո՛չ, ո՛չ, ամուսնական հավատարմությունը քաղցրագույնն է: Ոչինչ այնքան գովելի, ոչինչ այնքան սրբանվեր կարող չէ լինել, որքան այդ հավատարմության համար ունեցած բարոյական պարտավորեցուցիչ պատերազմը:

Հարունյանը յուր ամուսնական հավատարմությունը պահպանելու համար դատում էր և մի ուրիշ տեսակետից:

— Ի՞նչ կաներ նա, եթե իրեն սիրելի, պաշտելի կինն իրեն դավաճաներ, սիրային հարաբերություն ունենար մի ուրիշ մարդու հետ: Նա պետք է նայի յուր պաշտելի կնոջը, որ մի ժամանակ նրան հրեշտակ էր թվում, նա պետք է գրկի նրան, մի րոպե միայն կարծելով, որ գրկում, համբուրում է միևնույն հրեշտակին, բայց հանկարծ ամենադառը գիտակցությունն յուր սոսկալի շանթը պետք է ցցի նրա ուղեղի և սրտի մեջ — և նա սարսափով դեն պետք է իրե նրան յուր գրկից՝ նրան թունավոր օձ կարծելով: — Այո՛, տանջանքը սոսկալի է: Բայց գիտենալով, տեսնելով, ո՛ր յուր կինը սիրում է, պաշտում է իրեն — և հանկարծ ի՞նքը դավաճանի նրան, սիրային հարաբերություն ունենա մի ուրիշ կնոջ հե՞տ: Ի՞նչ կլիներ այդ դեպքում կնոջ դրությունը: Մի՞թե միննույն բարոյական սոսկալի տանջանքը չպետք է զգար և նա: Եթե նա կարող էր պահանջել յուր իրավունքը կնոջ վերաբերությամբ և ամենախիստ կերպով, ինչո՞ւ այդ միննույնը չէր կարող և կինը նրա վերաբերությամբ: Չէ՞ որ ամուսնական յուրաքանչյուր գործում նրանց իրավունքները հավասար են միմյանց, և նրանք պարտավոր են միմյանց հաշիվ տալու մինչև անգամ ամենաչնչին գործի մեջ:

«Ո՛չ, ես պե՛տք է և պե՛տք է հավատարիմ մնամ իմ ամուսնական կապին — ասում էր նա այդպիսի մտածմունքներից հետո: — Երբե՛ք ես չպիտի դավաճանեմ այդ կապին, և ավելի՛ն, որ ես ամեն բան հասկանում եմ, տեսնում եմ դրա մազաչափ չարիքներն անգամ»:

Երեկո էր. եղանակը՝ հիանալի: Ամառանոցի բոլոր բնակիչները լցրել էին անտառը: Հարունյան ամուսինները, որոնք արդեն հինգերորդ օրն էր, ինչ ամառանոցումն էին, նույնպես դուրս էին եկել զբոսանքի: Արմենակը նրանց հետ չէր. նա նույն օրն յուր մի քանի վաղեմի ընկերների հետ, որոնց պատահել էր ամառանոցում, որսի էր գնացել: Բոլոր զբոսնողների դեմքի վրա կարելի էր նկատել ուրախություն ու հրճվանք, ամենքը ժպտալով ու ծիծաղելով խոսում ու զրուցում էին, միայն Հարունյան ամուսինները շրջում էին գրեթե տխուր ու լուռ: Երևում էր, որ նրանցից յուրաքանչյուրը զբաղված էր մի-մի մտքով:

— Ստեփանոս, երանի գիտենամ իշխանուհին այժմ ի՞նչպես է, — ասաց վերջապես տիկին Հարունյանը: — Ահա հինգերորդ օրն է, ինչ նրանից լուր չունենք, և ես միշտ նրա մասին եմ մտածում... Տեսնես դարձյալ գլուխը ցավո՞ւմ է, թե ոչ... բայց ես զարմանում եմ, ճշմարիտ, թե այդ ի՛նչպիսի գլխացավ է, որ այդպես երկար է տևում... Այդպիսի գլխացավ մի՞թե լինում է, Ստեփանոս:

— Ինչպե՞ս չէ, — պատասխանեց Հարունյանը, որ արդեն վաղուց գիտեր, թե ինչպիսի գլխացավ էր իշխանուհի Մելիքյանի գլխացավը: — Եվ այդպիսի գլխացավը շատ վատ է...

— Մի՞թե... Այժմ երևակայում եմ, թե ո՛րպես տանջվելիս պիտի լինի նա... Խե՜ղճ Սոֆիա... Ա՛խ, եթե դու գիտենաս, ի՛նչպես եմ սիրում ես նրան, Ստեփանոս... Միշտ, ամեն րոպե նա յուր տխուր, թախծալի դեմքով, կարծես, կանգնած է իմ առաջ, չեմ կարողանում նրան մի րոպե անգամ գլխիցս հանել: Այսօր ես կամենում էի նրան մի նամակ գրել, բայց հանկարծ, չգիտեմ ինչո՞ւ, ինձ թվաց, որ նա ինձ ատում է... չէ սիրում: Այդ ժամանակ մի տեսակ ճմլվեց սիրտս... ակամայից հիշեցի այն սառը վարմունքն և խռսակցությունը, որոնցով նա հանդիպում էր ինձ միշտ այս վերջին ժամանակներս, կարծես, մեկը ներսից ինձ ասելիս լիներ, որ նրա այդ սառը հանդիպումն ոչ թե գլխացավից է, այլ... ատելությունից: Եվ իրավ որ՝ ես չեմ կարողանում այժմ հաշտվել այն մտքի հետ, թե մարդ ի՛նչպիսի գլխացավ պիտի ունենա, որից ստիպված այնպես սառը, գրեթե արհամարհանքով վերաբերվի դեպի յուր այն սրտակից բարեկամը, որի հետ առաջ այնպես քաղցր, սիրով էր վարվում... Մի՞թե այդ կարելի է, եթե նա չէ սկսել ատել... բայց ինչո՞ւ նա ինձ պիտի ատե, — վերջապես կանչեց տիկին Հարունյանը, որ գրեթե մոռացել էր, թե որտեղ է գտնվում, և նրա աչքերում արտասուքի կաթիլներ ցոլացին:

— Այդպես միայն քեզ թվում է, սիրելիս, — ասաց Հարունյանը, որ, իհարկե, մտքումը նրա հետ համաձայն էր, բայց չէր կարող երբեք հայտնել նրան: — Ձեր մեջ այնպիսի ինչ մի առանձին բան է պատահել, որի պատճառո՛վ նա քեզ ատելիս լինի:

— Ես էլ այդ չե՞մ հարցնում, ի՞նչ է պատահել և ի՞նչ կարող էր պատահել: Ոչինչ. հավատացիր, բոլորովին ոչինչ. մի փոքր, մի չնչին տարաձայնություն անգամ տեղի չէ ունեցել մեր մեջ... Ես նրան միշտ սիրել եմ, միշտ իմ թանկագին քույրիկս եմ համարել, կարեկցել եմ նրան ամեն մի դեպքում, և հանկարծ — մի այդպիսի սառը հանդիպում, արհամարհանք: Ախար ինչո՞ւ համար, ինչո՞ւ... ճշմարիտ՝ ես այնքա՛ն մտածել եմ այդ մասին, այնքա՛ն մտածել, որ.. չեմ հասկացել, մի խոսքով, թե ինչ է պատահում ինձ այդ ժամանակ... Իսկ նա ասում է, որ այդ միայն գլխացավից է:

— Իհարկե, այդ գլխացավից պետք է լինի, սիրելիս, մանավանդ, որ դու պարզ գիտես, որ ձեր մեջ ոչինչ տարաձայնություն չէ պատահել:Կամ եթե հենց տարաձայնություն էլ պատահեր, մի՞թե նա քեզ անպատճառ պիտի ատեր: Դեռ ամենահասարակ գլխացավից մարդ, կարծես, ամենքին աչքից գցում է, ո՞ւր մնաց մի այնպիսի գլխացավ, որպիսին է իշխանուհունը: Դու իշխանուհու գլխացավի վրա այդպես հասարակ աչքով մի նայիր, Նունե. այդ գլխացավը շատ վատ բնավորություն ունի...

— Ուրեմն ճի՞շտ է, որ միայն այդ գլխացավից է նրա սառնությունը դեպի ինձ:

— Այո:

— Օ՜հ, երանի՜ այդպես լինի, ապա թե ոչ ես նրան այնքա՜ն սիրում եմ, այնքա՜ն սիրում եմ, որ... բայց դա ասացիր, որ այդ գլխացավը շատ վատ բնավորություն ունի, ուրեմն... Ի՞նչ կպատահի վերջը, — գրեթե վախեցած յուր գլխում ծագած հանկարծակի մտքից՝ շտապով հարցրեց տիկին Հարունյանը:

— Կանցնի:

— Կանցնի՜... Բայց երկա՞ր կտևի:

— Չգիտեմ... այդ ես չեմ կարող ճիշտն ասել...

— Իսկ ես կարծում էի, թե այդ գլխացավից մահ կարող է առաջանալ:

— Չէ՜: Ի՞նչ ես ասում, այդպիսի բան չի կարող պատահել, բայց շատ կտանջվի…

— Բայց ինչի՞ց է պատահում այդ գլխացավը:

— Չգիտեմ...

— Ես կարծում եմ շոգերից:

— Գուցե…

— Ես վաղն անպատճառ նրան նամակ կգրեմ, չեմ կարող համբերել: Կգրեմ, որ շուտով գա այստեղ, որովհետև այստեղ շատ հով է:

— Գուցե նա մտադրություն ունի ուրիշ ամառանոց գնալու, ինչո՞ւ դու ուզում ես, որ նա անպատճառ այստեղ գա, — ասաց Հարունյանն իսկույն մի տեսակ երկյուղ կրելով, թե մի՜ գուցե իշխանուհին, իրավ որ, գար միևնույն ամառանոցը, իսկ հենց այդ բանից նա խույս էր տալիս, որովհետև շատ լավ հասկանում էր, թե ինչ վատ հետևանքներ կունենա այդ բանն յուր համար այժմ, երբ արդեն փոքրիշատե սկսել է հանգիստ ապրել:

— Նա ուրիշ ամառանոց չի կարող գնալ, — պատասխանեց

կինը, — որովհետև նրա ժառանգական դաստակերտն այստեղ է գտնվում:

— Ա՜... — երկարացրեց Հարությանը: — Ես այդ չգիտեի, — իսկ մտքումը, — «ապա թե ոչ ուրիշ ամառանոց կգնայի... Բայց ոչի՜նչ, կպատերազմեմ դարձյալ, ճակատագիրս ինձ փորձում է»...

Եվ նա ակամայից մտածության մեջ ընկավ:

— Ահա՜ նա, — հանկարծ անզուսպ ուրախությամբ կանչեց տիկին Հարությանն և, թողնելով ամուսնու թևը, առաջ վազեց:

Այդ բացականչության վրա Հարությանը հանկարծ սթափվեց յուր մտածությունից և իրենից յոթ-ութ քայլ առաջ տեսավ իշխանուհի Մելիքյանին: Նույն վայրկյանին հանկարծ ինչ-որ շարժվեց նրա սրտում և մի տեսակ անբացատրելի երկյուղ, որի հետ խառն էր և ուրախության նման մի բան, ցնցեց նրա ողջ մարմինը: Այդ բոլորն այնպես հանկարծակի և անսպասելի կերպով եղավ, որ առաջին վայրկյաններին նա գրեթե ուշքը կորցրեց, աչքերը մթնեցան. բայց երբ նա նորից սթափվեց, տեսավ, որ սիրտը սաստիկ, գրեթե ցավ տալով, բաբախում է, և զգաց, որ գույնը նետել է: Նա շուտով իրեն հավաքեց: Իսկույն հասկացավ, թե ինչ էր այն, որ այդ կարճ միջոցում կատարվ յուր մեջ և, աշխատելով յուր առաջվա անտարբեր դրությունն ընդունել ու իրեն ոչ մի բանով չմատնել, մոտեցավ իշխանուհուն այն ժամանակ, երբ յուր կինն արդեն սաստիկ կարոտալից ամուր-ամուր սեղմում էր նրա ձեռքերն և հարցնում էր նրա առողջությունը:

— Շնորհավոր լինի ձեր գալուստն, իշխանուհի, — ասաց նա յուր գրավիչ ձայնով, որն այնքան դուր էր գալիս իշխանուհուն, և իրեն հատուկ քաղաքավարությամբ գլուխ խոնարհեցրեց նրան:

— Ա՜, պարոն Հարության, այդ դո՞ւք եք, — դեմքը դեպի նա դարձնելով ասաց իշխանուհին, որ նրա մոտենալը դիտմամբ չտեսնելուն էր տվել: — Բարև ձեզ:

Եվ, զսպելով յուր ներքին շփոթությունը, նա սառնությամբ մեկնեց դեպի նա յուր գեղեցիկ ձեռքը:

Պարոն Հարությանը նկատեց այդ և նույն սառնությամբ սեղմեց նրա ձեռքը:

— Շա՞տ ժամանակ է, ինչ դուք պատիվ եք բերել այստեղ, իշխանուհի, — հարցրեց նա:

— Երեկվանից:

— Իսկ ես կամենում էի վաղը քեզ նամակ գրել, Սոֆիա, կարծելով, որ տակավին դու քաղաքումն ես, — ասաց տիկին Հարունյանը, որին ընկերուհու հանդիպումն մեծ ուրախություն էր պատճառել, չնայելով այն սառնությանը, որով դարձյալ ընդունել էր նրան այս վերջինս: — Բայց լավ է, որ այժմ մենք պատահեցինք միմյանց: Ես բոլորովին չէի սպասում այդ, Սոֆիա... Մի քանի րոպե առաջ մենք քո մասին էինք խոսում…

— Հա՞… — ասաց երկարացնելով իշխանուհին և յուր գեղեցիկ աչքերը դարձնելով պարոն Հարունյանի դեմքի վրա, մի վայրկյան միայն ուղղակի և սուր կերպով նայեց նրա աչքերի մեջ: — Բայց ի՞նչ էիք խոսում իմ մասին...

— Մենք խոսում էինք ձեր գլխացավի մասին, իշխանուհի, — շտապեց պատասխանել պարոն Հարունյանը: — Նունեն շատ տխրել էր ձեր մասին, որ այդպես տանջվում եք գլխացավից և հարցնում էր, թե մի՞թե գլխացավն այդպես երկար կարող է տևել, իսկ ես հավատացնում էի, որ ձեր գլխացավը հասարակ գլխացավերից չէ, այլ բոլորովին ուրիշ գլխացավ...

Իշխանուհուն թվաց, որ յուր այդ խոսքերով նա ծաղրում է իրեն, հետևաբար նա հասկացել է, թե ինչ է իսկապես նրա կեղծ գլխացավը: Կատաղությունը նորից բորբոքվեցավ նրա սրտի մեջ, բայց նա անզոր էր և բավականացավ միայն յուր վարդագույն շրթունքները կրծելով, ընդսմին աշխատելով այդ կատաղությունն ուրիշ ոչ մի բանով երևան չհանելու, մանավանդ, որ նա զգում էր, թե ինչպես պարոն Հարունյանի աչքերը հետամուտ էին լինում յուր դեմքի արտահայտությանը:

— Բայց այժմ ի՞նչպես եք զգում ձեզ, իշխանուհի, — հարցրեց պարոն Հարունյանը:

— Մի փոքր լավ...

— Ուրեմն անցնո՞ւմ է գլխացավը:

— Այո...

— Փառք աստուծո, որ դուք այլևս այնպես չեք տանջվիլ... Նունեն գտնում էր, որ այդ շոգերից է, և ես հավանություն էի տալիս, իսկ այժմ պարզ երևում է, որ այդ իսկապես այդպես է եղել, որովհետև, ահա, երկու օր չկա ընդամենն, ինչ դուք շնորհ եք բերել ամառանոց, և գլխացավն արդեն սկսում է անցնել... Իզուր դուք այսքան ժամանակ քաղաքում մնացիք, եթե դուք վաղ հեռանայիք քաղաքից, գուցե բոլորովին էլ գլխացավ չստանայիք... Թիֆլիսն առհասարակ սարսափելի շոգեր գիտե, և այդ շոգերը պիտի ազդեին մանավանդ ձեզ վրա, որովհետև դուք սովորած եք հյուսիսի սառը կլիմային:

Իշխանուհու կատաղությունը կրկնապատկվեցավ. կարծես, մի սոսկալի կրակ բորբոքվում էր նրա մեջ և այրում, կիզում էր նրա ամբողջ ներսը:

Այո՛, այդ մարդը, այդ անգութ մարդն ամեն բան հասկանում է և ուղղակի ծաղրում է նրան, փորձում է նրան ամենասոսկալի կերպով և մի մազաչափ անգամ չէ խղճում նրան... մինչև անգամ նրա ժպիտի մեջ երևում է բացարձակ հեգնություն... նա զգաց, որ եթե մի փոքր էլ մնալու լինի նրանց մոտ, այլևս անկարելի կլինի իրեն զսպել և մի առանձին բան կանե, որ ով կարող է իրեն բոլորովին մատնել, ուստի, առանց այլևայլության, պատճառ բերելով դարձյալ գլխացավը, նա սեղմեց նրանց ձեռքն ու հեռացավ:

Նրա հեռանալուց հետո տիկին Հարությանի լեզուն, կարծես, կապվեցավ: Այնուհետև մինչև տուն գնալը նա ոչ մի բան չասաց ամուսնուն: Պարոն Հարությանը նույնպես լուռ մնաց:

Նրանք գնացին տուն: Մի քանի րոպեից հետո եկավ և Արմենակը որսորդական հագուստով և հրացանն ուսին:

— Արև՛ս վկա, իշխանուհին եկել է ամառանոց, — գոռաց նա ներս մտնելով եղբոր և հարսի մոտ: — Սո՞ւտ եմ ասում:

— Այո, եկել է՛, — պատասխանեց եղբայրը:

— Դու տեսա՞ր նրան:

— Ոչ:

— Հապա ի՞նչպես գիտես, որ արևովդ էլ երդվում ես:

— Ինչպե՞ս, — կանչեց ծիծաղելով Արմենակը: Ի՞նչպես են իմանում՝ մի երկրում գարունն եկել է թե ոչ: — Երբ տեսնում են ծիծեռնակը թռչում է դեպի այն երկիրը...

— Ոչինչ չենք հասկանում քո ասածներից:

— Այսօր տեսա Պետրով ծիծեռնակին, տեսա դեպի ամառանոց թռչելիս, — կանչեց ավելի բարձրաձայն ծիծաղելով Արմենակը: — Ուրեմն, իշխանուհի-գարունն այստեղ է...

ԺԱ

ՆՈՐ ՇԱՄԻՐԱՄ

Գրեթե ողջ ամառանոցում չկար մի այնպիսի գեղեցիկ կալվածք, որպիսին էր իշխանուհի Մելիքյանի ժառանգական դաստակերտը: Նա շրջապատված էր մի փոքրիկ պարտեզով, որի մեջ գտնվում էին հոտավետ ծաղիկների գրեթե բոլոր տեսակները: Քարե սանդուղքով պարտեզից կարելի էր բարձրանալ դեպի լայն պատշգամբը, ուր շարված էին հարյուրավոր մեծ ու փոքր ծաղկամաններ, որոնց մեջի բույսերը, ծաղիկները ներկայացնում էին ավելի սքանչելի, ավելի հոտավետն, ավելի հազվագյուտը: Իշխանուհի Մելիքյանի միլիոնատեր հայրը, լինելով ինքն ամեն բանի գեղեցիկը, կատարյալը սիրող մի մարդ, ոչինչ ջանք չէր խնայել յուր այդ դաստակերտն, ուր ամեն ամառ անց էր կացնում յուր ընտանիքով, ամեն կողմից շքեղացնելու, կատարյալը դուրս բերելու համար: Ամբողջ տասը տարի էր անցել այն ժամանակվանից, ինչ որ իշխանուհի Մելիքյանը չէր տեսել այդ դաստակերտը, իսկ այժմ, երբ այդքանամյա բացակայությունից հետո նա գալիս է ամառն այդտեղ անցկացնելու, նրան նույնությամբ է գտնում, ինչպես էր և յուր հոր կենդանության ժամանակ: Այդ դաստակերտը հենց սկզբից, հիմնվելու օրից, հանձնված էր շինական մի բարի մարդ ու կնոջ, որոնք ամեն օր բարեխղճությամբ կատարում էին իրենց պարտականությունը և ստանում ծառայության վարձը՝ պարոնի կենդանության ժամանակ — պարոնից, իսկ նրա մահից հետո — իշխանուհի Մելիքյանից:

Հարունյանների հետ պատահած անցքի գիշերը իշխանուհի Մելիքյանը բոլորովին մենակ նստած էր չուզունե ոտերավոր և հղկած գեղեցիկ նստարանի վրա:

Գիշերն ամառային ամենասքանչելի գիշերներից մինն էր, այն գիշերներից, որոնք լինում են միայն ամառանոցներում: Լիալուսինը հանդարտ սահում էր կապույտ երկնքի վրայով, ինչպես մի առագաստանավ անհուն, խաղաղ ծովի վրա: Նա քմահաճությամբ մերթ թաքնվում էր սև փոքրիկ ամպերի տակ, որոնց անձև կողքերը միայն լուսավորվում էին հրաշալի արծաթագույնով և, մերթ դուրս գալով, շարունակում էր յուր օդային ճանապարհը: Ամենահանդարտ կերպով փչում էր գիշերային կենսատու զեփյուռը, տարածելով ողջ պարտեզի մեջ հոտավետ ծաղիկների անուշ բուրմունքը: Շուրջը տիրում էր խորին լռություն: Լսվում էր միայն ծառերի տերևների հանդարտ խշխշոցը, որպես խորհրդավոր շշնջյուն. լսվում էր և փոքրիկ շատրվաններից բարակ հոսանքով դուրս բխող ջրի միակերպ ձայնը: Ջուրը, բարձր նետվելով, փռվում էր խուրձի նման և, բաժանվելով ամենամանր զոհարանման կաթիլների, նորից թափվում էր փոքրիկ ավազանը: Այդ կաթիլները զանազանագույն հրաշալի ցոլումներով, խաղալով լուսնի պայծառ լույսի տակ և ընկնելով ավազանի ջրի մեջ, հանում էին մի այնպիսի հեզահուշ ճողփյուն, որ բոլորովին լրացնում էր այդ խաղաղ գիշերի բոլոր սքանչելիությունը:

Իշխանուհին նստած էր անշարժ և ձեռքերը կցած: Նրա աչքերը հառած էին շատրվանի հենց այն կետին, ուր ջուրը խուրձի գեղեցիկ տեսք էր ստանում: Նա կարծես ամենախորին ուշադրությամբ զննում էր, թե ի՛նչպես այդ կետում բաժանվում էր ամեն մի կաթիլն և ի՛նչ տեսակ գույներ էին ցոլանում նրա մեջ լուսնի լույսից: Լուսինն ուղղակի լուսավորում էր նրա գեղեցիկ դեմքը, որ այդ գիշեր անսովոր կերպով գունատ էր: Նա փաթաթված էր մոխրագույն, լայն և ազնիվ տեսակի շալի մեջ, որ իջնում էր մինչև նրա ոտների ծայրերը: Նրա սև, փայլուն, հարուստ մազերը բոլորովին արձակ, անփույթ կերպով փռված էին ուսերի վրա և, իջնելով, փոքր-ինչ միայն կողքերից, ծածկում էին նրա՝ երևի ավելի ազատ շնչելու համար՝ կիսաբաց, հարուստ, սպիտակ, մարմարի կուրծքը, որ այդ ժամանակ բավական նկատելի կերպով, կարծես խիստ հուզված, բարձրանում ու ցածրանում էր: Այդ դրությամբ նա այնքա՛ն գեղեցիկ էր, այնքա՛ն սքանչելի, որ նայողը իրեն մեղանչած կհամարեր՝ նրան հասարակ մահկանացուների կարգը դասելով: Նա կարծես մի կատարյալ հավերժահարս էր, որ թողնելով յուր աստվածային բնակավայրը, իջել էր այդ գեղեցիկ պարտեզը՝ բաշխելու նրան յուր արժանավայել շուքը: Նրան լավ դիտողը կնկատեր, որ նա իրեն շրջապատող սքանչելիություններից իսկապես ոչինչ չէր զգում և՛ ոչ թե մտածում էր շատրվանի վրա, այլ մինչև անգամ այդ չէր էլ տեսնում, չնայելով, որ նրա գեղեցիկ աչքերը միշտ հառած էին դրա վրա: Նա այդ ժամանակ միայն մարմնով գտնվում էր այդտեղ, իսկ հոգով և մտքով մի ուրիշ տեղ, ուրիշի մոտ — նրա՛ մոտ, որ նրա սիրտը բոլորովին գրավել և երկար ժամանակից ի վեր նրա բոլոր մտածության առարկան էր դարձել, չտալով նրան հանգիստ՝ ոչ տիվ և ոչ գիշեր:

Նա մտածում էր Հարունյանի վրա:

Այո՛, Հարունյան, Հարունյան, որքա՜ն անմիտ, ո՛րպես անզգա և կույր ես դու, որ չես կարողանում տեսնել այդ մարմնացած աստվածային գեղեցկությունն և սառնասրտությամբ հրում ես նրան մի կողմը: Տե՛ս, որպիսի հուսահատ ինքնամոռացությամբ դա գալիս է դեպի քո գիրկն և հոգով ու մարմնով կամենում է անձնատուր լինել քեզ... Մի՞թե մի որևիցե ամենախիստ պարտաճանաչությանը, ամենախիստ հավատարմության ուխտին զոհում են մի այդպիսի գեղեցկություն, որի մեջ միայն գտնվում է քաղցրագույնը բոլոր քաղցրությունների մեջ... Անմի՛տ, ժողովի՛ր խելքդ, բացի աչքերդ և տե՛ս այդ կնոջը, որ այնպես ողորմելի կերպով քեզանից գթություն է հայցում: Նա սիրում է քեզ, սիրում է հոգու բոլոր ուժերով, բոլոր զորությամբ, և այդ սերն անդադար աճում է, աճում է և նրան երբե՛ք հանգիստ չէ տալիս: Նա պատրաստ է քեզ աստվածացնելու, երկրպագելու, պաշտելու քեզ, միայն սիրի՛ր նրան, սիրի՛ր նրան... Այդ երկար ժամանակից ի վեր փափագած սիրուն նա կտա յուր հոգու, յուր սրտի ամենանուրբ, ամենանվիրական տեղն և անդադար, օրնիբուն գուրգուրելով, փայփայելով կբարձրացնե նրան մինչև երկինքը, և՝ սիրո կրակով վառված՝ այդ անսավառնելի բարձրությունից առ ոչինչ կհամարե. աստվածների երջանկությունը… նրա սիրատենչ, խանդակաթ գրկի մեջ դու մանուկ կդառնաս և կմոռանաս քո թշվառ գոյությունը, կմոռանաս այս աշխարհին՝ յուր անվերջ ծանր հոգսերով... Այնուհետև դու կընկնես մի տեսակ տենչանաց, հեշտալից աշխարհ, ուր մարդ ճաշակում է դրախտին փոխարինած մոգական քաղցրությունը... Ա՛խ, սիրի՛ր… սիրի՛ր...

Հանկարծ նրա գլխի վերևը հաստաբուն և բարձրակատար ծառի ճյուղերի մեջ լսվեց ինչ-որ խշխշոց, որը խիստ կերպով խանգարեց գիշերային շրջապատող խորին լռությունը: Այդ ձայնից նա ցնցվեց ամբողջ մարմնով և, դուրս գալով յուր արբեցյալ դրությունից, նայեց շուրջը: Նրա բոլորովին գունատված դեմքն արտահայտում էր անզգայականություն, սակայն խառը մի փոքր երկյուղի ու զարմանքի հետ: Սովորաբար այդպես են լինում նրանք, որոնք, երկար ժամանակ բոլորովին անձնատուր եղած լինելով իրենց սրտին ամենամոտ խոր մտածությանը, մինչև անգամ սթափվելուց հետո, առաջին վայրկյաններում, շարունակում են դարձյալ ապրել իրենց մտածության աշխարհում, որ այնուհետև հետզհետե սկսում է հեռանալ նրանց աչքերի առջևից, մինչև որ բոլորովին չքանում է, և նրանք, տեսնելով իրենց շրջապատող իրականության մեջ և զգալով այդ խիստ փոփոխությունն երևակայականից դեպի իրականությունը, սկսում են զարմանալ և մի տեսակ երկյուղ կրել, մանավանդ, եթե նրանք բոլորովին մենակ են ու գիշերով: Անզգայականությունը փոքր առ փոքր սկսեց հեռանալ նրա դեմքից, իսկ երկյուղն ու զարմանքն՝ ավելանալ: Նա մի առանձին ուժով վեր ցատկեց տեղից և չռած աչքերով սկսեց նայել դեպի վեր՝ այն ճյուղերի մեջ, որտեղից լսվեցավ բարձրաձայն խշխշոցը: — Ծառի ճյուղերից մեկի վրա լուսնի լուսով նա ինչ-որ սև բան տեսավ, այդ միջակ մեծությամբ մի թռչուն էր, որ երևի առաջվա նստած տեղն անհարմար գտնելով, ցած էր թռել մի ուրիշ ճյուղի վրա և այժմ յուր նոր տեղում պտտվում էր, աշխատելով հարմար կերպով նստել և խաղաղ ննջել: Տեսնելով, որ իրեն այնպես վախեցնողը թռչունն էր, երկյուղը հեռացավ նրա դեմքից և մի տեսակ տանջված, լքյալ արտահայտություն ստացավ: Նա շուռ եկավ և նայեց լուսնին: Այլևս ոչինչ սև ամպեր չէին խանգարում նրան յուր լույսն առատորեն սփռելու ամենուրեք, նա, կարծես, ծիծաղելով արձակեց յուր լույսն և այժմ իրեն նայող գեղեցկուհու մազերով ցանված գունատ դեմքի վրա, որ և այդ ժամանակ ամենափայլուն մարմարի գույնն ստացավ:

Երևում էր, որ կեսգիշերից բավական անցել էր: Օդը բոլորովին ցրտել էր: Փչեց զով, մեղմ քամին, ծառերի տերևները, կարծես, տրտունջ հանելով, ավելի սկսեցին խըշխըշալ: Իշխանուհին, որի ուսերից շալն ընկել էր, բաց անելով նրա կիսամերկ կուրծքը, թեթև կերպով ցնցվեց, զգալով յուր անդամների մեջ այդ ցուրտը: Նա փաթաթվեց յուր շալի մեջ, ձեռքերը կցեց, գլուխը խոնարհեցրեց կրծքի վրա, որպես սգավոր, հուշիկ քայլերով անցավ ճեմելիքի երկարությամբ, սանդուղքով բարձրացավ պատշգամբն և ներս մտավ յուր ննջարանը:

Ննջարանում ճրագը հանգած էր: Պայծառ լուսինը, ներս թափանցելով բաց լուսամուտից, ուղղակի լուսավորում էր նրա սպիտակ, որպես ձյուն, անկողինը, որի մեջ այդ րոպեին անկարգություն էր տիրում: Երևում էր, որ նա նախ պառկել էր, բայց տեսնելով, որ իրեն անդադար զբաղեցնող մտածությունը քունը մոտ չէ թողնում յուր աչքերին, դուրս էր գնացել պարտեզ՝ այնտեղ անձնատուր լինելու այդ մտածությանը:

Ծանր քայլերով նա մոտեցավ շքեղ անկողնակալին, շալը մի կողմ գցեց, երեսն ի վեր պառկեց, վերմակը վրան քաշեց և փակեց աչքերը: Մինչև այժմ նրա խիստ ցանկությունից գրգռված ջղերն սկսեցին հետզհետե թուլանալ, կուրծքը դադարեց արագ բաբախելուց և մի տեսակ թմրություն, որ ոչ քուն էր, ոչ արթնություն, պատեց նրա տանջված, լքված անդամներին: Բայց նրա բորբոքված ճակատի տակ ուղեղը հանգիստ չուներ, նրա մեջ տիրում էր մի տեսակ խառնաշփոթություն, մի տեսակ քաոս, որ և նկարում, ստեղծում էր նրա փակ աչքերի առաջ հազար ու մի անորոշ պատկերներ, որոնք՝ հայտնվելուն պես՝ դարձյալ արագությամբ չքանում էին, որպեսզի տեղ տային ուրիշ այլազան պատկերների: Ի՞նչի նմանություն ասես, որ նա չէր որոշում այդ՝ մի կողմից սոսկալի, մյուս կողմից կախարդող ֆանտաստիկական երևույթների մեջ: — Հրեշային պատկերներից հետո, նա տեսնում է յուր անհոգ մանկությունը և այն ժամանակվա իրեն բոլոր սիրելի, ծանոթ դեմքերը... Երևույթը փոխվում է: — Նա տեսնում է յուր երիտասարդ ամուսնուն՝ գեղեցիկ, հեզ, բարի, որպես գառը, նրա աչքերը լցված են արտասուքով, նա ամենադառը կերպով մտատանջվում է... Այնուհետև նա պառկած է անկողնում... Դագաղում... Սա նույնչափ գեղեցիկ է... Չքացավ երևույթը: — Դարձյալ հրեշային արհավրալից պատկերները... Դարձյալ փոխվեցան: Տարածվում է ահագին լուսավորված դահլիճը: Երաժշտությունն ականջ է խլացնում: Հարյուրավոր անորոշ պատկերներ՝ միմյանց գրկած՝ խռնվելով՝ թռչում են մի ծայրից մյուս ծայրն ու գոհարների նման ինչ-որ բաներ պսպղում, հուրհրատում են նրանց վրա հազարավոր ճրագների լուսավորության առաջ... Այնուհետև նա տեսնում իրեն շրջապատված ախտաբորբոք երիտասարդներով... Նրանք՝ չոքած,նայում են նրա աչքերի մեջ, համբուրում են նրա ձեռքերը.,. Չքացավ այդ ամենը: Նա տեսնում է Հարությանին... Այնուհետև նա վազում է նրա ետևից դեպի ամառանոց,.. Պատահում է նրան անտառում... Անորոշ դրությամբ հեռանում է նրանից,... Գիշերն ուզում է քնել... Հարունյանի պատկերն հանգիստ չէ տալիս նրան... նա դուրս է գնում պարտեզ... Շրջապատող բնության գեղեցկությունն առավել ևս լարում է նրա ջղերն, և բորբոքված սերը ստեղծում է նրա առաջ զանազան քաղցր պատկերներ... Թռչունը վախեցնում է նրան: Նա տուն է մտնում, պառկում է, և չքացավ ամենը:

Հանկարծ այդ ժամանակ նրան թվաց, թե դուռն անլսելի կերպով բացվեցավ, և մեկն ուրվականի նման, հանդարտ ներս մտնելով նրա ննջարանը, կանգնեց դռների մոտ ու մնաց արձանացած: Նա սոսկաց, օձից խայթվածի նման իսկույն վեր թռավ տեղից և, սարսափից չռած աչքերով, հազիվ շնչելով, սկսեց նայել այդ գիշերային անկոչ հյուրին: Վերջինս կանգնած էր նույն արձանացած դրության մեջ և անթարթ աչքով նայում էր ուղղակի նրա չռած աչքերին: Իսկ նա, որի ճակատին արդեն սկսել էին դուրս ցայտել սառը քրտինքի խոշոր կաթիլներ, ամբողջ մարմնով դողալով, շարունակում էր նայել նրան, չկարողանալով ոչ աղաղակել և ոչ մի շշունջ հանել, կարծես լեզուն պապանձվել էր: Նա միայն նայում էր և նայում, կարծես նրա աչքերը բևեռած լինեին այդ գիշերային սարսափի վրա իրենից անկախ մի զորությունից, որ զգում էր յուր բոլոր անդամների մեջ, նայում էր և նրա վրա ոչինչ պարզապես չէր կարողանամ որոշել՝ ո՛չ հագուստն ու ո՛չ դեմքի գծերը, բացի երկու անթարթ աչքերից, որոնք, որպես գայլի աչքեր, պսպղում էին գիշերային մթության մեջ և դրանով առավել ևս սարսափ ազդում: Սակայն փոքր առ փոքր այդ անորոշ հագուստն ու դեմքի գծերն սկսեցին փոխվել, և գիշերային այցելուն սկսում էր ստանալ ուրիշ հագուստ, ուրիշ դեմքի գծեր, որոնք հետզհետե նրան ավելի ու ավելի ծանոթ էին թվում: Որքան այդ ուրվականը նոր փոփոխություն էր ստանում, և այդ փոփոխությունը վայրկյան առ վայրկյան նրան առավել ևս ծանոթ էր թվում, այնքան նա դադարում էր դողալուց և վախենալուց, նրա դեմքի վրայից հեռանում էր սարսափն և ստանում էր մի տեսակ զարմանքի և ուրախության արտահայտություն: Նրա մինչև այժմ երկյուղից լռած, բայց այժմ ժպտող աչքերն սկսում էին փայլել մի առանձին փայլով, իսկ կուրծքը բարձրանալ ու ցածրանալ, կարծես մի տեսակ ներքին բորբոքումից, զրգռումից, որ հետզհետե սաստկանում էր:

Հանկարծ նա մի տենդային թռիչք գործեց դեպի գիշերային

այցելո՛ւն, ընկավ նրա առաջ՝ ծնկների վրա և, ամուր գրկելով նրա ոտները, կանչեց կցկտուր ձայնով.

— Հարունյա՛ն, խղճա ինձ, ես քեզ սիրում եմ...

Յուր սեփական ձայնից, որ խուլ կերպով տարածվեցավ սենյակի գիշերային լռության մեջ, նա հանկարծ արթնացավ յուր անհանգիստ քնից: Շտապով նստեց անկողնի վրա և երկյուղով նայեց դեպի դուռը: Լուսինը բավական լուսավորում էր սենյակը, դուռը փակ էր, սենյակում ոչ ոք չկար: Նա տեսավ, որ յուր տեսածը, ոչ այլ ինչ էր, եթե ոչ միայն երազ, և դրա մեջ երևացած գիշերային այցելուն իսկ և իսկ ինքը՝ Հարունյանն էր, որի մասին նա միշտ մտածում էր, առավելապես այդ գիշեր: Բաց լուսամուտներից փչում էր վաղորդյան մեղմ, զով, գրեթե ցուրտ քամին, որ ներս էր բերում յուր հետ ծառերի խորհրդավոր շշնջյունը: Բարձրում երևում էր երկնքի պարզ կապույտը, որի վրա նոր էր սկսում խաղալ ցերեկի ավետաբերը — ծիրանի արշալույսը:

Զգալով յուր բոլոր անդամների մեջ սաստիկ թուլություն, իշխանուհին պառկեց նորից, վերմակը վրան քաշեց և այս անգամ քնեց արդեն բոլորովին խաղաղ:

ԺԲ

ՎԵՐՋԻՆ ԵՎ ՍՈՍԿԱԼԻ ՊԱՏԵՐԱԶՄ

Հետևյալ օրը գրեթե կեսօր էր, երբ նա վեր կացավ: Տակավին ոչ մի ժամանակ նա իրեն այնպես ուժասպառ ո՛ւ տանջված չէր զգացել, որպես այդ օրը: Գիշերվա արհավիրքը սաստիկ ազդել էր նրա ջղերի վրա: Յուր ողջ կյանքի մեջ այդ առաջին անգամն էր, որ մի այդպիսի զարհուրելի գիշեր էր անցկացնում և այն էլ բոլորովին անսպասելի կերպով: Նա ինքն էլ զարմանում էր, թե ինչպես էր եղել, որ մտածությունը բողորովին խլել էր նրա ուշքն ու միտքն, և երևակայությունը հափշտակել էր նրա բոլոր գոյությունն յուր մոգական աշխարհի մեջ: Նա մի առ մի հիշում էր գիշերի երևույթները, որոնք սաստիկ ազդել էին նրա ուղեղի և սրտի վրա: Այդ մերթ քաղցր, թովիչ, մերթ տխուր ու զարհուրելի երևույթները ներկայացնում էին նրա ողջ կյանքը՝ սկսած մանկությունից մինչև նույն րոպեն: Այդ երևույթներն անցնում էին նրա աչքերի առաջով, որպես խավարային պատկերներ՝ իրենց կարգով ու արագությամբ: Նրանցից ամեն մեկն ստիպում էր նրան ապրել յուր մեջ և զգալ միևնույնն, ինչ որ յուր ժամանակին նա զգացել էր իրականապես: — Եվ այդ բոլորի պատճառն էր մի նոր, թարմ, բայց հուսահատ զգացմունք — սերը, որ կլանել էր նրա բոլոր գոյությունը: Այդ զգացմունքը — սերը առավել բորբոքվել էր բնության գիշերային թովիչ սքանչելիությունից, որ շատ բնական է և, բարձրացնելով յուր անզուսպ կրքերը, պահանջում էր յուրը, իսկ նրան մերժում էին: Այդ մերժումը նա չէր կարո՛ղանում տանել, որովհետև յուր պահանջի մեջ էր գտնում նա յուր գոյության հենարանն ու յուր կերակուրը, որ պիտի տար նրան նոր ուժ անշեջ մնալու: Այդ պահանջի մեջ էր տեսնում նա այն աստվածային երջանկություններից երջանկագույնը, որի նմանն յուր ողջ կյանքի մեջ տակավին չէր զգացել: Եվ այդ պատճառով նրա անհույս սերը, կարծես, հենց դրա համար էր ստիպում նրան անցնել յուր աչքերի առաջով յուր անցյալ կյանքի պատկերը, որպեսզի այդ կյանքի մեջ համեմատություն դներ և տեսներ, զգար, որ, այո՛, այն ժամանակ նա երբե՛ք սիրելիս չէ եղել՝ այդ բառի բուն նշանակությամբ, որ այն ժամանակ նրա կյանքն անցնելիս է եղել դատարկ, միայն ամենաչնչին կրքերով:

Նա այլևս ոչինչ չուզեց հիշել. նրա գլուխը բորբոքվում էր: Շալն անփույթ կերպով գցելով մերկ ուսերի վրա, նա մոտեցավ բաց լուսամուտին: Մեղմ, սառը հո՛վը դրսից շոյեց նրա դեմքն, և նա, ազատ, լի կրծքով շունչ առավ: Պարտիզում՝ ծառերի տակ, աշխատում էր ծեր պարտիզպանը: Ծերերին հատուկ ուրախ և բարակ ձայնով նա քթի տակ երգում էր, երևի, յուր անցյալ և ներկա հանգիստ, խաղաղ կյանքը: Ծառերի վրա ճլվլում էին թռչունները, երջանիկ էին թռչունները, երջանիկ էր և ծերունին, բայց երջանիկ չէր նա, որ յուր և ամենքի կարծիքով ուներ երջանկություն ձեռք բերելու բոլոր առանձնահատկությունները: Առհասարակ այդպես է, մարդս, բոլոր հույսը դնելով յուր մի որևէ առանձնահատկության վրա, կարծում է, մինչև անգամ հավատում, որ անպատճառ կհասնի յուր ցանկալի նպատակին, բայց պատահում է, և շատ անգամ, որ այդ նրան չէ հաջողվում զանազան արտաքին, նրանից կախում չունեցող հանգամանքներից, որոնց մասին նա առաջ բնավ չէր մտածել կամ առ ոչինչ էր համարել — այդտեղից երևում է ահա մարդու անխոհեմությունն ու անհեռատեսությունը: Մարդս իրավունք չունի անպայման հավատալու յուր ուժերին՝ այն պարզ հիման վրա, որ մինչև անգամ ամենամոտիկ ապագան տակավին վարագուրված է նրա աչքերից, և ամեն բան աշխարհիս մեջ փոփոխության անխուսափելի օրենքին է մատնված, հետևապես՝ ապագան կարող է ավելի մեծ ուժեր ծնել, քան նա ունի այժմ, և այսօրվա հաղթելի համարածը վաղը հաղթող հանդիսանալ: Անպայման հավատը երկու աչքով կուրություն է, և շատ անգամ նրա հետևանքները վատ են լինում: Եվ այժմ իշխանուհին ո՛րքան սխալված էր համարում իրեն, որ անպայման կերպով հավատում էր յուր գեղեցկությանը...

Դեռ երկար ժամանակ անշարժ կանգնած լուսամուտի մոտ՝ նա նայում էր ծեր պարտիզպանին, որ առանց նրան տեսնելու՝ շարունակում էր յուր գործն երգելով: Այդ ժամանակ հանկարծ մի րոպե թվաց, որ յուր բոլոր հարստությամբ, յուր տակավին երիտասարդ հասակով և մինչև անգամ յուր հրաշալի գեղեցկությամբ նախանձում է այդ անվիշտ ծերունուն, որին մինչև այդ հասակն, ինչպես երևում էր, տակավին ծանոթ չէին հոգեկան բոլոր խոր հուզմունքները, որի սրտի մեջ տակավին չէր կաթել դառնության և ոչ մի կաթիլ և որի ուղեղը դատապարտված չէր սոսկալի մտատանջությունների: Այդ միևնույն րոպեին նա զգաց յուր կյանքի բոլոր դատարկությունը — և այդ առաջին անգամն էր: Նա սարսափով նայեց այդ դատարկության մեջ և այնտեղ աչքի ընկնող ոչինչ, ոչինչ չգտավ: Ինչո՞ւ համար է նա ապրել մինչև այժմ և ինչո՞ւ է ապրում: Ի՞նչ մի նշանավոր գործ է կատարել մարդկության օգտին, յուր շրջապատողների ծգտին: Ահա ծերունին աշխատում է, քրտինք է թափում, աճեցնում է բուսականությունը, իսկ ի՞նքը... Ի՞նչ է եղել յուր կյանքի նպատակը, բարի նպատակը... Եվ գուցե հազարավոր այդպիսի հարցեր կուտակվեին նրա գլխում, եթե այդ գիտակցությունը մի րոպե չտևեր, բայց մի րոպեն այնքա՛ն արագ է անցնում, և այդ գիտակցությունն այնքա՛ն աղոտ էր, այնքա՛ն մութ, որ նրա գլխում այլևս ոչինչ չմնաց, ինչպես կայծակը, որ հայտնվելուն պես դարձյալ իսկույն չքանում է անհետ: Եվ այդ րոպեն չէր կարող երկար տևել, իսկ գիտակցությունը խոր տպավորություն թողնել նրա ուղեղի վրա, որովհետև այդ ժամանակ նրա աչքերի առաջով դարձյալ անցավ Հարունյանի պատկերն՝ յուր սոսկալի սառնասրտությամբ, յուր համառ հաստատակամությամբ և, կարծես, հեգնաբար ասելով նրան, «Հաղթվի՛ր, հաղթվի՛ր... Ողորմելի՛, ո՞ւր է քո այն ուժը, որով դու այնպես պարծենում էիր, որ դու այնքան հաղթություններ էիր անում... բայց ի՛նչ հաղթություններ: Քեզ ավելի անձնատուր են եղել, քան դու հաղթել ես: Անձնատուր են լինում նրանք, որոնք իրենց մեջ ոչինչ ուժ չեն ճանաչում, հաղթում են նրանք, որոնց ուժը գերակշռում է հակառակորդի ուժերից: Հաղթությունն առաջին դեպքում — մուկն է կատվի առաջ, հաղթությունն երկրորդ դեպքում — առյուծն է առյուծի առաջ: Կատուն հաղթում է մկանը առանց մի որևիցե պատերազմի, մի առյուծ հաղթում է մյուսին երկարատև և սոսկալի պատերազմից հետո: Կատվի հաղթությունը ոչինչ է, ամենասովորական բան, առյուծի հաղթությունը — մեծ է. այդ ցույց է տալիս նրա ուժի գերակշռությունը մյուս առյուծի ուժից: — Ուրեմն, ողորմելի՛, դու մինչև այժմ կատու ես եղել, որովհետև գործ ես ունեցել միշտ մկների հետ, բայց ի՞նչպես ես կամենում պատերազմել դու ինձ — առյուծիս հետ, դու — որ առյուծ չես...»:

«Օ՛, ես այժմ առյո՛ւծ եմ, առյո՛ւծ, — հանկարծ աղաղակեց նա կատաղի ձայնով, որ կարծես իսկապես առյուծ լիներ, և արագությամբ մոտեցավ հայելուն: — Այո՛, առյո՛ւծ այժմ և կամենում եմ պատերազմել իբրև առյուծ, պատերազմել և հաղթե՛լ, հաղթել անպատճառ և ընկած պատիվս նորից կանգնեցնել... Օ՛, պատի՛վս... պատի՛վս...»:

Շալն ընկել էր նրա ուսերից, հարուստ մազերը բոլորովին արձակ և անկարգ կերպով թափվել էին նրա մերկ ուսերի վրա, և նա կանգնած էր հայելու առաջ, որպես մի վրիժառու Մեդեա՝ պահպանողական խրոխտ դիրք բռնած, արյունով լցված աչքերով և մերկ, սարսափելի ալեկոծվող կրծքով: Յուր գեղեցիկ սպիտակ ատամները նա սեղմել էր միմյանց, իսկ ձեռքերով, կարծես, կամենում էր մեկին պատառ-պատառ անել:

Սակայն շուտով անցավ նրա այդ անզուսպ կատաղությունը: Նրա ձեռքերը թուլացան, իսկ գլուխը խոնարհվեցավ փոքր առ փոքր հանդարտվող կրծքի վրա: Անզուսպ կատաղությունը տարավ նրա բոլոր ուժերը, որպես փոթորիկը քշում է յուր հետ ճանապարհի վրա եղած-չեղածը: «Ողորմելի՛ արարած», —շշնջաց նա և ուժից բոլորովին ընկած, նույն դրությամբ, բայց օրորվելով, մոտեցավ փափուկ բազկաթոռին և ծանր կերպով ընկավ նրա մեջ: Նրա գեղեցիկ աչքերի մեջ արտասուքի կաթիլներ ցոլացին և իսկույն, որպես փայլուն գոհարներ, գլորվեցան նրա այտերի վրայով: Նա դեմքը ծածկեց կոների մեջ և մնաց այնպես:

Երբ նա գլուխը բարձրացրեց, նրա դեմքի վրա այլևս կատաղության ոչ մի հետք չկար, նա ստացել էր զարմանալի խոնարհ արտահայտություն, ինչպես սոսկալի փոթորիկին հաջորդող հանդարտ օրը: Թաց աչքերի մեջ նկատվում էր զարմանալի հեզություն: Բնությունը արտահայտել էր յուր գործը — մոռանալով ամեն բան՝ և՛ հպարտություն, և՛ վրեժ, նա անձնատուր էր եղել սիրույն, որ դարձյալ յուր ծանր ձեռքն անողոքաբար դրել էր նրա սրտի վրա և նրան ճմլում, ցավեցնում էր յուր ծանրության ներքո:

Նա նայեց յուր վրա և, տեսնելով, որ տակավին հագնված չէ, ձեռքը մեկնեց դեպի մոտը գտնված փոքրիկ սեղանի վրա դրված հնչակն և հնչեցրեց նրան:

Մի րոպեից հետո ներս մտավ աղախինը:

— Մա՛րիա, — դարձավ նրան իշխանուհին, — օգնի՛ր ինձ հագնվելու:

Աղախինը կատարեց նրա հրամանը: Նա հագնվեցավ:

— Այժմ գնանք դուրս, — ասաց նա հագնվելուց հետո, — օգնիր ինձ լվացվելու և հետո գլուխս սանրիր:

Նրանք դուրս գնացին: Իշխանուհին լվացվեցավ: Հետո գնացին մի ուրիշ սենյակ, որ իշխանուհին նշանակել էր յուր զուգվելու համար: Նա նստեց հայելու առաջ: Աղախինն օծեց նրա գեղեցիկ մազերն անուշահոտ յուղով ու սկսեց սանրել:

Իշխանուհին խորին դառնությամբ նայում էր հայելու մեջ յուր մազերին, յուր դեմքին, յուր պարանոցին: Մի՞թե նա այնքան գեղեցիկ չէ, որ մի Հարունյան նրա վրա ուշքը չկորցնի: Նա չհավատաց յուր աչքերին:

— Մա՛րիա, — հանկարծ ասաց նա նայելով աղախնուն հայելու միջից, — ես գեղեցիկ չե՞մ:

— Օ՛հ, դուք շատ գեղեցիկ եք, տիրուհի, — ասաց աղախինը ժպտալով: — Ձեզ նման գեղեցկուհի ոչ Պետերբուրգումն եմ տեսել և ոչ այստեղ:

Ո՛չ, աղախինը շողոքորթում է նրան, նա սուտ է ասում:

— Ուղի՛ղն ասա, Մարիա, — ասաց նա խստորեն: — Ես չե՞մ տեսնում, որ տգեղ եմ...

Աղախինը զարմանքից չռեց աչքերն ու դադարեց սանրելուց:

— Դուք տգե՛ղ... — կանչեց նա: — Դուք ինձ փորձո՞ւմ եք, տիրուհի... Ես մարդ սպանելն այնքան մեղք չեմ համարել, որքան ձեզ տգեղ համարելը:

— Քեզ ասում են՝ ուղի՛ղն ասա:

— Երդվում եմ, տիրուհի, որ դուք չափազանց գեղեցիկ եք... դուք ամենագեղեցիկն եք բոլոր, կանանց մեջ...

— Վերջին անգամն եմ ասում, ուղիղն ասա, ապա թե ոչ իսկույն քեզ կվռնդեմ:

Աղախնի աչքերում արտասուքի կաթիլներ ցոլացին:

— Ես ի՞նչ մեղք ունեմ, որ դուք ինձ հավատալ չեք կամենում, — ասաց նա դողդոջուն ձայնով:

Իշխանուհին հայելու միջից տեսավ նրա արտասուքն ու լռեց: Աղախինը շարունակեց սանրել:

— Բավական է, — ասաց վերջապես իշխանուհին: — Այժմ ժապավենով մազերս թույլ կապիր և դուրս գնա, ինձ համար թեյ պատրաստիր:

Աղախինն հանգստացավ, կատարեց նրա այդ հրամանն էլ և դուրս գնաց:

Իշխանուհին ետ ընկավ աթոռի մեջքի վրա, ձեռքերը ծալեց կրծքի վրա և դարձյալ սկսեց յուր գեղեցկության վրա քննական աչքով նայել: Ո՛չ յուր աչքերն են խաբում իրեն և ո՛չ աղախինն էր ստում — նա գեղեցիկ էր, նա գեղեցկուհիների թագուհի կարող է կոչվել, նա Աստղիկ էր: Մի քանի րոպե դեռ նա ակամայից ինքն էլ հրճվում էր յուր գեղեցկությամբ, ինչպես մի երեխա յուր նոր զգեստի վրա: Հանկարծ ինչ-որ շանթի նման ցցվեցավ նրա ուղեղի և սրտի մեջ, և նա, որպես մի կատաղի գազան, իսկույն վեր թռավ տեղից այնպես, որ աթոռը, որի վրա նստած էր, մի քանի քայլ ետ գլորվեցավ:

—Եվ այսպիսի մի գեղեցկություն արհամարհո՛ւմ է մի պարոն Հարունյան: Ես քեզ կպատժեմ, պարոն Հարունյան, — կանչեց նա այս անգամ արդեն կատաղությունից իրեն բոլորովին կորցնելով: — Ես քեզ կպատժեմ, պարոն Հարունյան, սոսկալի կերպով կպատժեմ... Արհամարհել ի՛մ գեղեցկությունը... ooo՛, ես ամեն բան թույլ կտամ, բայց այդ — երբեք, աստված է վկա — երբե՛ք... Ես տակավին մեռած չեմ... ես կրում եմ իմ անունս, իմ պատիվս... Օ՛, դու կարծում ես, որ ես մի րոպե, մի վայրկյան անգամ կարո՞ղ եմ հանգստանալ, մինչև չտեսնեմ քեզ ոտներիս տակ ընկած և հանդիսավոր կերպով ոտնակոխ չանեմ քեզ — քո բոլոր պաշտած սկզբունքներդ, որոնց դու պինդ կպել ես... ես քեզ կստիպեմ, կստիպեմ... ես քեզ խելագարության կհասցնեմ, ես ուղեղիդ, սրտիդ մեջ կխփեմ այն մոգական թույնը, որից ո՛չ մի մարդ տակավին ազատված չէ... Ես քեզ հավիտյան կկործնեմ... Օ՛, ես այդ կանեմ, կանեմ, թեկուզ ինքը՝ դժոխքն իմ առաջս կանգնի...»:

Եվ որպես կատաղած գազան վանդակի մեջ՝ նա, ատամները կրճտացնելով, այս ու այն կողմ էր վազում սենյակի մեջ: Այդ վերջին և ամենաասոսկալի պատերազմն էր, որ կատարվում էր նրա մեջ: Վրեժխնդրության արյունը հասել էր կոկորդին, և յուր անելիքը նա արդեն հաստատապես վճռել էր:

Այդ միջոցին մտել էր աղախինն և՝ զարմացած ու վախեցած, կանգնած դռների մոտ՝ նայում էր, թե ի՛նչպես յուր տիրուհին, առանց նրան տեսնելու, սենյակում, կատաղած այս ու այն կողմն էր վազում: Նա ուզում էր խոսել: Բայց չէր համարձակվում բերան բանալու: Վերջապես, տեսնելով, որ նրա կատաղությունը չէր հանդարտվում, և նա շարունակում է այս ու այն կողմը վազել, նա սիրտ առավ և ասաց.

— Տի՛րուհի, ո՞րտեղ կհրամայեք թեյ շնորհել:

Իշխանուհու կատաղությունն այնքան սաստիկ էր, որ նա ոչինչ չէր տեսնո՛ւմ, ոչինչ չէր լսում: Աղախինն այս անգամ մի քայլ առաջ գնաց և կրկնեց յուր հարցը, բայց առաջվանից փոքր-ինչ բարձր: Իշխանուհին տեսավ նրան և կանգնեց նրա առաջ:

— Ի՞նչ ես ուզում, — կանչեց նա՝ հառելով նրա վրա յուր աչքերը: Նրա կոպերն ու շրթունքները սաստիկ դողում էին:

Աղախինն երեքկնեց յուր հարցը՝ դողալով նրա կատաղի, արյո՛ւնով լցված աչքերից:

— Պարտիզում... ո՛չ, պատշգամբում, և դո՛ւրս կորիր:

Աղախինը՝ բոլորովին զարմացած, ապշած՝ իսկույն դուրս գնաց: Յուր տիրուհուն այդ դրության մեջ նա առաջին անգամն էր տեսնում:

Իշխանուհին մոտեցավ հայելուն: «Օ՛, գեղեցկությո՛ւն — կնոջ միակ զե՛նք — կանչեց նա նրա մեջ նայելով — ժողովի՛ր բոլոր ուժդ, բոլոր մոգական դյութությունները, իմ պատերազմս սոսկալի՜ է լինելու: Ես կամենում եմ հաղթե՜լ, անպատճառ հաղթե՜լ... Եվ այնուհետև բոլոր աշխարհը, բոլոր մարդկությունը ոտիս տակն է»... Եվ որպես հպարտ թագուհի, սեգ քայլերով նա դուրս գնաց պատշգամբն և նստեց նախապատրաստած աթոռի վրա՝ փոքրիկ սեղանի առաջ: Աղախինն իսկույն արծաթյա մատուցարանի վրա մոտ բերեց թեյ ու պաքսիմատ և, դնելով սեղանի վրա, հեռացավ:

Իշխանուհին սկսեց մտածել, թե ի՜նչպիսի իրագործում տա յուր վճռին: Այնպես պետք է բանը բերել, որ մի անգամ Հարունյանը բոլորովին մենակ գա յուր մոտ, յուր տուն, և ինքը յուր միակ զենքով — գեղեցկությամբ հանե նրան խելքից — ահա նրա վերջին հուսահատական վճիռը: Բայց ի՞նչպես: Հրավիրե՞ միայն նրան: Բայց նա մինչև անգամ կնոջ հետ չէ կամենում նրան այցելել, ո՞ւր մնաց բոլորովին մենակ, բացի դրանից, մի՞թե այդ առանձին հրավերի նպատակը նրան պարզ չի լինիլ. իսկ նա հենց այդպիսի բաներից է, որ երկյուղ է կրում: Հետո, կինն ի՞նչ կարող է մտածել այդ մասին... Ո՜չ, առանձին հրավիրել նրան անկարելի է և անիրագործելի: Ուրիշ հնար է պետք: Հարունյանն այնպես պետք է գնա նրա մոտ, նրա տուն, որ նա այդ ինքն էլ չիմանա — միակ բանը, որով հասած կլինի յուր նպատակին: Այո՜, Հարունյանը բոլորովին չպիտի կասկածի, թե ինչու ինքը մենակ, առանց կնոջ ընկերակցության, գնում է իշխանուհու տուն: Բայց այդ ի՞նչպես անե ահա որտեղ է կայանում խնդրի դժվար լուծումը: Խո կարող չէ՞ նրան կախարդել: Ուրիշ ի՞նչ հնար կա...

Իշխանուհին ընկավ խոր մտածության մեջ: Նա մոռացել էր, որ առջևը թեյ կար դրած և սառչում էի. մոռացել էր և ամեն բան:

Հանկարծ մի ակնթարթում նրա դեմքը փոխվեցավ և, աչքերը հառած մի կետի, կամաց-կամաց անզգայաբար բարձրացավ տեղից, մի րոպե մնաց այդպես անշարժ և հանկարծ աղաղակեց.

— Գտա՜, գտա՜...

«Է՜վրիկա, է՜վրիկա», միևնույն կերպով աղաղակեց և Արքիմեդն յուր նշանավոր գյուտի րոպեին:

Այդ միջոցին անզգայաբար նա ձեռքով այնպես խփել էր թեթև սեղանին, որ դա՝ օրորվելով՝ գետին էր ընկել, թափելո՜վ յուր հետ պաքսիմատն ու թեյի բաժակը, զարկվելով հատակին, փշուր-փշուր էր եղել: Այդ ձայնից աղախինը վազեց տեսնելու, թե ինչ է պատահել: Իշխանուհին՝ ուրախությունից իրեն բոլորովին կորցրած՝ յուր կողմից վազեց դեպի նա և, որպես տենդի մեջ, ամուր գրկելով նրան ու բարձր նետելով, կրկնեց յուր աղաղակը.

— Գտա՜, գտա՜...

Աղախինը սաստիկ վախեցավ: Նա կարծեց, թե յուր տիրուհին խելագարվել է, մանավանդ, որ այդ օրը նրան բավական օտարոտի դրության մեջ էր տեսել: Նա աշխատեց դուրս պրծնել նրա ձեռքերից, որոնք, որպես սղմիչ, սեղմում էին նրան իրենց մեջ, բայց նրան չհաջողվեցավ այդ:

— Տիրուհի՜, տիրուհի՜... — կանչեց նա առավել ևս վախեցած:

Հանկարծ իշխանուհին զգաց յուր արարքն և բաց թողեց նրան: Նրա խելքը գլուխն եկավ:

— Մի՛ վախիր, Մարիա, — ասաց նա շնչասպառ և ալեկոծվող կրծքով: — Մի՛ վախիր, ես չեմ խելագարվել...

Բավական յուր գյուտից՝ և ուրախությունից չգիտենալով թե ի՞նչ անե՝ նա սկսեց արագ քայլել պատշգամբում: Ինչ-որ կախարդիչ ժպիտ պսակում էր նրա շառագունած դեմքը, քթի ծակերը՝ սաստիկ շնչառությունից, նկատելի կերպով լայնանում էին: Աղախինն ապշած նայում էր նրան:

Իշխանուհին հանկարծ կանգնեց՝ տեսնելով հատակի վրա թափված սեղանը, պաքսիմատներն և թեյի կոտրատված բաժակը:

— Այս ո՞վ է արել, — հարցրեց նա՝ կիտելով հոնքերը, որ շատ սազում էր նրա դեմքին:

— Այդ դուք եք արել, տիրուհի, — պատասխանեց փոքր-ինչ հանդարտված աղախինը:

— Ե՜ս... — կանչեց զարմացած իշխանուհին ձեռքերը միմյանց խփելով և բարձրաձայն քրքջաց: — Մի՞թե այդ ես եմ արել... բոլորը հավաքիր և ինձ համար նոր թեյ, նոր պաքսիմատ բեր: Այս ես ինքս էլ չեմ իմացել, թե ինչպես է կատարվեր

Աղախինը չգիտեր՝ ծիծաղի, թե զարմանա, յուր տիրուհու այդ արտասովոր վարմունքի վրա: Նա սկսեց մի առ մի կատարել նրա նոր հրամանները: Սրբեց սեղանն ու աթոռը, տեղափոխեց նրանց, նրա համար նոր թեյ և պաքսիմատ բերեց, որից հետո ավլեց հատակն և հեռացավ:

Այնինչ իշխանուհին՝ հաղթության հուսո ժպիտը դեմքին՝ նորից արդեն ձգվել էր աթոռի վրա և հանգիստ սկսել էր վայելել թեյն ու պաքսիմատը:

«Պարոն Հարունյա՛ն, այժմ դու արդեն ընդմիշտ իմ ձեռքին ես,

— խոսում էր նա այդ ժամանակ կիսաձայն: — Երբ ես քեզ կձգեմ այն նեղ տեղը, որտեղից տակավին ոչ մի մարդ չէ ազատվել, այն ժամանակ այլևս ոչինչ հաստատակամություն, ոչինչ խիստ հավատարմության ուխտ քեզ օգնել չէ կարող... Ես շատ լավ եմ ճանաչում տղամարդիկներին: Այո՛, թեպետ դու փոքրիշատե ապացուցանում ես, որ մի բանով բարձր ես նրանցից, բայց և, իհարկե, դու երկաթ չես. դու ևս նույն ողորմելի արյունից ու մսից ես խմորված, ինչպես և մյուսները... Բայց ափսոս, որ իմ վճռիս ես չեմ կարող իրագործում տալ այստեղ, այլ պիտի սպասեմ, որ ամառն անցնե, և մենք վերադառնանք քաղաք... Գրեթե ամբողջ երկու ամիս կա տակավին: Այդ ավելի վատ թե՛ քեզ համար և թե՛ ինձ համար.. — Բայց և այնպես, այդ ժամանակամիջոցը շատ է ինձ համար, որ ես այստեղ բոլոր ուժերդ հանեմ քո միջից և նախապատրաստեմ քեզ վերջին րոպեի համար... Այդ ժամանակ արդեն բոլորովին ուժասպառ՝ դու ինքդ կընկնես իմ ոտներիս տակ... և ես՝ արդեն ցանկալի հաղթանակը սթափած՝ ոտնակոխ կանեմ քեզ... Օ՛, երջանիկ րոպե.. Այստեղից դու այլևս ինձանից ոչ մի տեղ չես կարող փախչել»...

Նա հիշեց այն սառն վարմունքն ու հնարովի գլխացավը, որոնցով նա միշտ հանդիպում էր Հարությաններին, և տեսավ, որ այդպես չպետք էր վարվեր և չպետք է վարվի այսուհետև, եթե անպատճառ կամենում է յուր նպատակին հասնել:

«Եղածը եղել է — հույս տվեց նա ինքն իրեն — այս երեկո ամենը կուղղվի... գլխացավս անցավ, ամառանոցի սառն օդը բժշկեց ինձ, հա՛, հա՛, հա՛»...

Եվ նա մտքումը դրեց երեկոյան անպատճառ զնալ անտառն, ուր հույս ուներ հանդիպելու Հարությաններին:

Աղախինը թեյի երկրորդ բաժակն էր մոտ բերել արդեն, երբ հանկարծ պարտեզի դուռը բացվեցավ, և գրեթե ներս ընկավ Պետրովը: Իշխանուհին, որ նրան բոլորովին մոռացել էր, նրան յուր դաստակերտում տեսնելով՝ մնաց զարմացած: «Այս մարդն ինձ այստեղ էլ է գտել», ասաց նա յուր մտքում: Եվ այն է, հենց կամենում էր պատրաստվել նրան բարկությամբ ընդունելու, երբ հանկարծ նրա գլխում մի ուրախալի միտք ծագեց՝ հօգուտ յուր մտադրության: — Ի՞նչ կլինի, եթե այսուհետև սկսե երես տալ Պետրովին Հարությանի մոտ եղած ժամանակ և մի քանի ցույցեր անե, իբրև թե սիրում ու հաշտ աչքով է նայում այդ աստիճանավորի վրա: Որքան էլ այդ Հարունյանի համար նշանակություն չունենա, բայց, այնուամենայնիվ, դա կարող է նրա մեջ խանդոտություն զարթեցնել, առավել ևս, որ, ինչպես իշխանուհին մի քանի անգամ նկատել էր, նա լավ աչքով չէր նայում Պետրովի վրա: Իսկ Հարունյանի այդ խանդոտությունը փոքրիշատե հաջող ելք կարող էր տալ նրա մտադրության իրագործելուն: Եվ այդ միտքն այնքան գեղեցիկ ու հարմար թվաց նրան, որ մինչև անգամ կանչեց ուրախությամբ.

— Ա՛, պարոն Պետրով... Ահա՛ չէի սպասում ձեզ:

— Օ՜, դուք չէիք կարող ինձ չսպասել, — կանչեց յուր կողմից Պետրովը՝ սանդուղքով արագությամբ բարձրանալով և մոտենալով նրան, — գիտեք, որ իմ ճանապարհս ձեր ոտների հետքերն են, որոնց վրայով միայն ես մինչև վերջին շունչս պետք է գնամ...

Իշխանուհին ուրախ կերպով քրքջաց: Պետրովը բռնեց նրա ձեռքն և սկսեց յուր համբույրների կարկուտը թափել նրա վրա:

— Բավական է, բավական, — կանչեց իշխանուհին՝ առավել ևս քրքջալով: — Դուք իմ ձեռքիս կաշին կպլոկեք ձեր սարսափելի համբույրներով..

— Օ՜, ես այսքան օրվա կարոտս պիտի հանեմ…

Եվ Պետրովը նորից ու նորից համբույրներ էր թափում նրա ձեռքի վրա, Վերջապես իշխանուհուն այդ զզվելի թվաց և զոռով ետ քաշեց ձեռքը:

— Դուք անտանելի եք, — ասաց նա: — Ավելի լավ է՝ նստեցեք և խոսենք: Մա՛րիա, աթոռ:

— Ուրի՞շ ինչպես է ձեր թանկագին առողջությունն, իխանուհի, — ասաց Պետրովը՝ նոր նստելով նրա դիմացն աղախնի բերած աթոռի վրա:

— Լավ է: Բայց ես զարմանում եմ, թե ի՛նչպես դուք գտել եք իմ դաստակերտը:

— Օ՜, ո՞ւմը հարցնեի այստեղ, որ ցույց չտային, չէ՞ որ դուք այստեղ եզակի եք, ինչպես և ամբողջ աշխարհիս մեջ...

— Ավելի լավ է՝ թողնենք հաճոյախոսություններն և, եթե կամենում եք, թեյ անուշ արեք:

— Այսինքն՝ սուրճ, դուք կամենում եք ասել:

— Ո՛չ, թեյ. նայեցեք, — սուրճ չէ:

— Ուրեմն սուրճի տեղ դուք թե՞յ եք անուշ անում:

— Այո և ոչ:
— Ի՞նչպես հասկանամ ես ձեզ:
— Որովհետև այժմ ինձ համար առավոտ է չնայելով որ իսկապես կեսօրից էլ անց է:
— Դա ի՞նչպես հասկանամ:
— Դա ավելորդ է հասկանալ... թեյ կամենո՞ւմ եք ինձ հետ միասին խմել:
— Օ՜, ձեզ հետ միասին՝ այո՜, դա պատիվ, փառք, երջանկություն է ինձ համար, իշխանուհի:
Տիրուհու հրամանով աղախինը Պետրովին էլ թեյ մոտ բերեց:
— Հարունյաններն է՞լ են այստեղ հանկարծ հարցրեց Պետրովը: — Երեկ ամառանոց գալիս՝ պ. Արմենակին տեսա:
— Այո, այստեղ ենպատասխանեց իշխանուհին՝ խոր նայելով նրան, կարծես իմանալու համար, թե ինչո՞ւ հանկարծ նա առաջարկեց այդ հարցը: Բայց նա կամեցավ իմանալ, թե ինչպիսի կարծիք ունե նա Հարունյանի մասին և այդ պատճառով ավելացրեց.
— Ի դեպ, պարոն Պետրով. ի՞նչպիսի մարդ եք գտնում դուք Արմենակի եղբորը — պարոն Հարունյանին:
— Նա ձեր բարեկա՞մն է, իշխանուհի, — հարցրեց Պետրովը, կարծես թե չկամենալով ուղղակի և միանգամից ասել այն, ինչ որ պետք է ասեր:
— Այսինքն՝ ի՞նչպես թե բարեկամը, նա միայն իմ վաղեմի ընկերուհուս ամուսինն է... Ես նրա համար եմ հարցնում ձեր կարծիքը նրա մասին, որովհետև ես նրան բավական... օտարոտի մարդ եմ գտնում:
— Նա ոչ թե օտարոտի է, իշխանուհի, այլ, ուղղակի ձեզ ասեմ, հիմար, և բավական չէ, որ նա հիմար է, այլև, վերին աստիճանի տգետ ու անտաշ: Ես այդ շատ բանի մեջ նրան նկատել եմ. նրա հետ վիճաբանել եմ. օրինակ, կնոջ մասին ընդհանրապես նա մի այնպիսի կարծիք է հայտնում, որ վայրենի մարդն անգամ չի հայտնիլ...
— Բայց ի՞նչ կարծիք է հայտնում նա կնոջ մասին, — շուտով և հետաքրքրությամբ հարցրեց իշխանուհին:
— Նա ասում է, որ տղամարդը կնոջը չպետք է պաշտի, երկրպագի, նրա ստրուկը չպետք է դառնա, այլ պետք է աշխատի նրան երես չտալ և չնստեցնել գլխին, որովհետև, ասում է, այդ

բոլորից մեծ վնասներ են առաջանում, հա՜, հա՜, հա՜... Իհարկե, նա այդպես չէր ասում, բայց նրա ասածներից ամեն մեկն այդ պետք է եզրակացներ:

— Մի՞թե նա այդպիսի բաներ է ասում...

— Եվ այդ ձեզ ծիծաղելի չէ՞ թվում, իշխանուհի... Եվ ի՞նչ եք կարծում՝ մի՞թե մի այդպիսի միտք հայտնողը հիմար, տգետ ու անտաշներից մեկը չպետք է լինի: Այսքա՜ն տեղեր ես եղել եմ, այսքան մարդիկների հետ ես հարաբերություն եմ ունեցել, բայց ոչ մի տեղ և ոչ մեկից մի այդպիսի ծիծաղելի ու հիմար կարծիք չեմ լսել կնոջ մասին, կնոջ, որ ինքնըստինքյան տղամարդի աստվածն ու կյանք տվողն է:

Եվ Պետրովը դարձյալ սկսեց փառաբանել կնոջը, ցույց տալ, թե կինն ինչ նշանակություն ունե տղամարդի համար և վերջինս ի՛նչպես պետք է վերաբերվի դեպի նա, և այդ բոլորը միևնույն կերպով, ինչպես և Հարունյանի հետ ունեցած վիճաբանության ժամանակ: Իշխանուհին նրան չէր լսում, նրանից կնոջ մասին Հարունյանի հայտնած կարծիքը լսելով, նա փոքր-ինչ մտածության մեջ էր ընկել: Բայց երբ: Այդ մտածությունից դուրս եկավ, Պետրովը վառված դարձյալ խոսում էր:

— Թեյը սառեց, պարոն Պետրով, — ասաց իշխանուհին՝ նրա խոսքը կտրելով:

— Եվ իհարկե, այդ պարզ է, որ պարոն Հարունյանի նման մարդիկ սիրել չեն կարող բառիս բուն նշանակությամբ, քանի որ բոլորովին չեն հասկանում, թե ի՛նչ է կի նը, — վերջ տվեց Պետրովն յուր երկարաբանությանն և առավ թեյի բաժակը:

Կես ժամի չափ Պետրովը դարձյալ մնաց իշխանուհու մոտ և ակամայից պատրաստվեցավ գնալու: Նա առավ իշխանուհու ձեռքն և իրեն հատուկ աղերսագին տեսք ընդունեց:

— Իշխանուհի, — ասաց նա դողդոջուն ձայնով, — մի՞թե ոչ մի ժամանակ չեմ կարող հուսալ ձեր սիրո վրա:

— Կարող եք, — պատասխանեց ժպտալով իշխանուհին:

Պետրովի փոքրիկ աչքերը վառվեցին:

— Կարո՛ղ եմ... — կանչեց նա: — Օ՜, որպիսի անսպասելի երջանկություն, — գրեթե դողաց Պետրովը, և նրա փոքրիկ աչքերն այս անգամ պլպլացին: Նա իսկույն դարձյալ սկսեց թափել յուր համբույրների կարկուտը իշխանուհու ձեռքի վրա:

— Բավական է, գնացե՛ք, — ասաց իշխանուհին՝ դարձյալ զզվանքով և զոռով ետ քաշելով յուր ձեռքը:

— Ցտեսությո՛ւն, երկնային իշխանուհի, ցտեսությո՛ւն, — գոռաց Պետրովն և, խելագարի նման ներքև վազելով, դուրս ընկավ պարտեզի դռնից:

Իշխանուհին մի րոպե մնաց արձանացած:

«Ա՜խ, Հարո՛ւնյան, Հարո՛ւնյան...», արտասանեց նա վերջապես, հոգոց հանելով և գլուխն ամենախորին վշտով կախեց կրծքի վրա:

ԺԳ

ԲԱՐԵԿԱՄՈՒԹՅՈՒՆԸ ՎԵՐԱՀԱՍՏԱՏՎՈՒՄ Է

Նույն օրը երեկոյան իշխանուհի Մելիքյանն յուր աղախնի ընկերակցությամբ գնաց անտառ զբոսանքի: Նա սովորություն ուներ երբեմն, զբոսանքի գնալիս, երբ, իհարկե, մենակ էր լինում, վերցնել յուր հետ և աղախնին, որին և զուգում էր այնպես, ինչպես վայել է մի աղջկա, որ ման է գալիս իշխանազն հպարտ տիկնոջ հետ: Յուր կարմիր պարզ շորերում և հարդյա գլխարկով՝ Մարիան շատ սազում էր սևազգեստ իշխանուհու հետ կողք-կողքի զբոսնելիս: Իշխանուհին ամուսնու մահից հետո, չնայելով, որ այդ օրից արդեն տարիներ էին անցել, կրում էր միշտ սև զգեստ՝ առանց մի որևիցե պչրանքի, ի նշան յուր այրիության: Յուր այդ պարզ սև հագուստի մեջ նա ավելի գեղեցիկ, ավելի սքանչելի էր երևում (գուցե այդ էլ էր պատճառը, որ նա միշտ սև զգեստ էր կրում): Պարզ, հասարակ հագուստի մեջ կնոջ գեղեցկությունն առավել ևս փայլում է, քան նորամոդային հազարավոր պչրանքներով զարդարված խայտաճամուկ հագուստի մեջ, որ խլում է կնոջից նրա ամեն կնայինը և դարձնում է նրան մի արվեստական պաճուճապատանք, որ կարողանում է ման գալ: Պարզ, հասարակ հագուստի մեջ է կայանում կնոջ ինքնակերպությունն, իսկ ինչպես ամեն բանի, նույնպես և կնոջ պոեզիան գտնվում է նրա ինքնակերպության մեջ:

Պեննանեն ձեռքին պտտեցնելով և գեղածիծաղ դեքով՝ իշխանուհին զբոսնում էր յուր աղախնի հետ, որ, միշտ աչքի առաջ ունենալով յուր պաշտոնը, անվստահորեն փոքր-ինչ հեռու էր ման գալիս տիրուհուց և՝ կապույտ աչքերը խոնարհեցրած՝ պատասխանում էր նրա զանազան հարցերին: Բոլոր ժամանակ իշխանուհու աչքերը շրջում էին այս ու այն կողմը: Նա որոնում էր Հարունյաններին, որոնք տակավին չէին երևում այնքան բնակիչների մեջ, որոնք, ինչպես ամեն, նույնպես և այդ երեկո, լցրել էին անտառը: Իշխանուհին հույս ուներ՝ որ անպատճառ կպատահի այդտեղ նրանց՝ ում որոնում է և այդ պատճառով՝ ուրախ տրամադրությամբ՝ շարունակում էր յուր զրույցն աղախնի հետ:

— Մա՛րիա, — ասաց նա՝ նրա դեմքին խորամանկությամբ ժպտալով, — դու ոչ ոքի չե՞ս սիրել:

Մարիան կարմրեց, ինչպես յուր շորերը:

— Ես սիրում եմ ձեզ, տիրուհի, — ասաց նա՝ ամոթխածությամբ աչքերը բոլորովին վայր թողնելով:

— Ես այդպիսի սեր չեմ ասում, — ասաց իշխանուհին ծիծաղելով. — ես ուզում եմ ասել, թե դու ոչ մի գեղեցիկ, քեզ պես գեղեցիկ երիտասարդի չե՞ս սիրել:

Մարիայի դեմքի կարմրությունը շորերի կարմրությունից էլ անցավ: Նա ոչինչ չպատասխանեց:

— Լավ, հասկացա, — ասաց իշխանուհին նրա դեմքին նայելով և առնելով նրա ձեռքը: — Քո դեմքը քեզ մատնում է: Բայց ո՞ւմն ես սիրել, Մարիա.. Ես գիտեմ, որ դու ինձանից ոչինչ չես թաքցնիլ, այնպես չէ՞, Մարիա:

Ընտանի եղանակը, որով արտասանեց նա այդ վերջին բառերը, սիրտ տվեց Մարիային և բացեց նրա բերանը:

— Ես իրավունք չունիմ ձեզնից ոչինչ թաքցնելու, տիրուհի, — ասաց վերջինս՝ աչքերը դարձյալ խոնարհեցրած: — Ես սիրում էի Պետերբուրգում մեր դիմացը բնակվող գնդապետի...

— Դենշչիկի՞ն:

— Ոչ — որդուն...

Բարձրաձայն քրքիջը, որ դուրս թռավ իշխանուհու բերանից աղախնի այդ վերջին գրեթե անլսելի կերպով և միամտաբար արտասանված խոսքի վրա, դարձրեց յուր վրա շատերի ուշադրությունը: Աղախինը սաստիկ ամաչեց, նրա փոքր-ինչ անցած կարմրությունը նորոգվեցավ: Իշխանուհին յուր ձեռքը տարավ դեպի նրա մեջքն և, այս անգամ ժպտալով նրա աչքերին, հարցրեց հետաքրքրությամբ.

— Հետո՞, Մարիա. նա էլ քե՞զ էր սիրում: Այո՞: Մի՛ նեղանար, ես քեզ չեմ ծաղրում: Դու այնքան գեղեցիկ ես, որ բոլորովին իրավունք ունես մի այդպիսի քայլ անելու: Ասա՛, մի՛ ամաչիր, նա էլ քե՞զ էր սիրում:

— Չգիտեմ... բայց նա ցույց էր տալիս, որ սիրում է, — երկար տատանմունքից հետո ասաց, վերջապես, Մարիանա:

— Այդ ի՞նչպես, — ավելի հետաքրքրությամբ հարցրեց իշխանուհին: — Մի՞թե դու խաբվել էիր, մի՞թե նա քեզ իսկապես չէր սիրում:

— Այո, հետո տեսա, որ նա ինձ կեղծ է սիրում...

— Ի՞նչպես:

— Որովհետև, երբ ես մի անգամ նրան առաջարկեցի ամուսնանալ, նա ծիծաղեց և այլևս չեկավ ինձ մոտ...

— Հետո՞:

— Հետո ես լաց եղա... շատ լաց եղա, բայց նա դարձյալ չեկավ ինձ մոտ:

— Իսկ այժմ նրան չե՞ս սիրում:

— Քիչ եմ սիրում — նա լավ տղա չէր:

— Խե՛ղճ իմ Մարիա, — խոսեց անսուտ կարեկցությամբ իշխանուհին՝ մի առանձին տաք հայացքով նայելով նրա աչքերին: — Ո՛րքան անմեղ, պարզամիտ ես դու... Օ՛, այդ տղամարդիկ, Մարիա, բոլորն անգութ և խելագարներ են, նրանք երբեք չեն խղճում կնոջ վրա, երբեք չեն մտածում կնոջ դրության մասին... Ստոր, վայրենի և անտաշ են նրանք, Մարիա... նրանք բոլորովին արժանի չեն վայելելու կնոջ սերն, երբ չեն հասկանում, թե ի՛նչ է կին, թե ի՛նչպես պետք է վարվել կնոջ հետ... Բնությունը սխալվել է, Մարիա, որ կանանց կապել է այդ գոռոզ վայրենիների հետ, որոնց մեջ բնավ ճաշակ չկա նրանց գեղեցկությունը ճանաչելու, հարգելու, պաշտելու, ինչպես մի կենսատու ուժի... Գեղեցկությունն — այդ ամեն բանի, առավելապես կնոջ մեջ իրաշալին նրանք ոտի տակ են տալիս, Մարիա. ինչպես խոզեր, որոնք չեն հասկանում մարգարտի արժանավորությունը, գինը... նրան ծաղրում են, արհամարհում են և աշխատում են իրենց ստրուկը դարձնել... Բայց կինն, իհարկե, այդ երբե՛ք չի թույլ տալ, այնպես չէ՞, Մարիա... Կինն առավել ևս գոռոզ է, հպարտ է դեպի յուր պատիվը, գեղեցկությունը... Բնությունն իբրև միակ զենք՝ կնոջը տվել է գեղեցկություն, որով նա պետք է աշխատի անպատճառ պատժել տղամարդիկներին — այդ վայրենիներին — թե՛ նրանց հիմարությունների ու թե՛ անզգության համար... Այնպես չէ՞, Մարիա, պատժել, սոսկալի կերպով պատժել...

Աղախինը ոչինչ չէր հասկանում նրա ասածներից: Իշխանուհին խոսում էր՝ ոչ թե մտածելով Մարիայի և նրա կեղծ սիրահարի մասին, այլ յուր և Հարունյանի մասին: Նա սկսեց Մարիայի սիրահարից և հետո, նրան բոլորովին մոռանալով, նրա մեջ երևակայեց Հարունյանին և այդպես էլ վերջացրեց: Լինում են մարդիկ, գլխավորապես վրեժխնդիր, գոռոզ, եսամոլ մարդիկ, որոնք, տեսնելով ուրիշի դրության մեջ մի որևիցե, թեկուզ չնչին նմանություն իրենց դրության հետ, որ նրանց մտածության առարկան է դարձած, դեռ սկսում են խոսել նրա մասին, հետո, փոքր առ փոքր, իրենց համար ևս անզգալի կերպով, նրան մոռանալով, սկսում են մտածել և խոսել իրենց դրության, իրենց անելիքի մասին:

Իշխանուհին խոսում էր զրեթե անզգայաբար՝ աղախնի ձեռքն յուր ձեռքի մեջ սեղմելով և երբեմն նայելով նրա աչքերի մեջ, որի համար նա թեքում էր գլուխը դեպի նրա դեմքը, երբեմն էլ յուր գեղեցիկ աչքերը շրջելով այս ու այն կողմը:

Հանկարծ այդ ժամանակ դիմացը, հեռուն, նա նկատեց Հարունյան ամուսիններին, որոնք՝ թև թևի տված՝ հանդարտ գալիս էին դեպի իրենց կողմը: Նրա դեմքն իսկույն պայծառացավ և նա, չտեսնելուն տալով նրանց, շարունակեց յուր զրույցը՝ նայելով աղախնուն, իսկ աչքի տակով — Հարունյաններին: Նա կամեցավ՝ խոսելով յուր աղախնի հետ՝ անցնել նրանց մոտից և ձայն չհանել, իբրև թե նրանց բոլորովին չէ տեսնում իսկ նա համոզված էր, որ Հարունյանները կտեսնեն իրեն և անպատճառ կխոսեն յուր հետ: Սա երևույթին, նա խոսում էր աղախնի հետ, բայց իսկապես նա մտածում էր, թե ինչպես հանդիպի նրանց, և այդ պատճառով նրա խոսակցությունից ոչինչ միտք չէր դուրս գալիս:

— Այո՛, Մարիա, — ասում էր նա, — այդպես են, իհարկե, մարդիկ... ամեն բան այդպես է... Դու շատ գեղեցիկ ես, Մարիա... հո գիտես, որ ես քեզ սիրում եմ... այնպես չէ՞... Դու ևս սիրում ես ինձ, թշվառական... Ես քեզ կսովորեցնեմ, Մարիա, թե ինչպես պետք է վարվել ինձ... մարդիկների հետ... Այն ողորմելին չգիտե, որ ինքն էլ միևնույն փայտից է տաշված, ինչպես և ուրիշները... Նա չափազանց հպարտ է... բայց չգիտե, որ ուրիշն առավել ևս հպարտ կարող է լինել, քան ինքը... այնպես չէ՞, Մարիա...

Մարիան, իհարկե, ոչինչ չէր հասկանում, նա միայն զարմացած գլուխը շարժում էր:

— Պատիվ ունինք, իշխանուհի, — հանկարծ լսվեցավ նրա մոտ պարոն Հարունյանի փափուկ ձայնը:

Իշխանուհին որքան աշխատեց զսպել իրեն, բայց չկարողացավ փոքր-ինչ չցնցվել այդ ձայնից, որին նա վայրկյան առ վայրկյան անհամբեր սպասում էր: Նա շուտով, իրեն զարմացած ցույց տալով, դարձավ դեպի նա:

— Ա՜խ, պարոն Հարունյան... Նո՛ւնե, — կանչեց նա՝ շտապով մոտենալով նրանց:

— Պետք է ներեք ինձ, որ ձեզ չնկատեցի, աղախնիս հետ մի այնպիսի քաղցր խոսակցության մեջ էի, որ մինչև անգամ մոռացել էի, թե որտեղ եմ գտնվում... Բարև ձեզ:

Եվ նա ժպտադեմ յուր գեղեցիկ ձեռքը տվեց նախ պարոն, հետո տիկին Հարուն յաններին: Իշխանուհու մինչև այժմ օտարոտի ընդունելության ազդեցության ներքո, վերջինս դեռ կամենում էր նրան սառնությամբ ընդունել, բայց այժմ բոլորովին անսպասելի կերպով նրա մեջ տեսնելով դարձյալ յուր առաջվա սիրալիր ընկերուհուն, նա զարմանքից դեռ մի քանի վայրկյան գրեթե մնաց քարացած՝ նրա ժպտող աչքերի մեջ նայելիս, կարծես ինքն իրեն հարցնելով՝ մի՞թե այդ նա է, որ մինչև վերջին ժամանակներս նրան այնպես սառնությամբ էր ընդունում: Նա չէր հավատում յուր աչքերին, բայց տեսնելով, որ իշխանուհին շարունակ ժպտալով նայում է յուր աչքերին, և նրա դեմքի վրա առաջվա սառը ընդունելության և թախծության նշույլ անգամ չկա, նա, կարծես, նոր ուշքի եկավ և կանչեց սաստիկ ուրախացած.

— Սո՛ֆիա, մի՞թե ես քեզ նույնն եմ տեսնում... մի՞թե գլխացավդ արդեն անցել է...

— Արդեն, արդեն, Նունե: Դու սուտ չէիր ասում, որ ամառանոցի զով օդն ինձ վրա լավ ազդեցություն կունենա... Գլխացավս բոլորովին անցել է, և այժմ ինձ այնպես թեթև, այնպես հանգիստ եմ զգում, ինչպես ոչ մի ժամանակ... Դեռ հենց առաջին օրից, որ ես ամառանոց եկա, զգացի, որ գլուխս այլևս այնպես սաստիկ չէ ավում, ինչպես առաջ, Թիֆլիսում: Երկրորդ օրն ավելի լավ էի իսկ, այսօր, որ վեր կացա, բոլորովին առողջ, կարծես գլուխս երբեք մի րոպե անգամ չէր ցավել: Օ՜, այնպե՜ս ուրախացա, Նունե, այնպե՜ս ուրախացա, որ... մի խոսքով... ո՛չ, չեմ կարող ասել, թե ինչպես ուրախացա այդ ժամանակ... Իսկ առաջ ի՛նչպես էի տանջվում ես այդ գլխացավից, աստված ազատե: Ես ինձ բոլորովին կորցրել էի, չէի հասկանում, թե որտեղ եմ գտնվում, ինչ եմ անում, ում հետ եմ խոսում և ինչ եմ խոսում: Կարծես մի տեսակ տանջող երազի մեջ լինեի, որից արթնանալ չէի կարողանում... աչքերիս առաջ միշտ խավար, մութը... օ՛հ, դեռ այժմ էլ սարսափում եմ, որ մտածում եմ, թե ի՛նչ դրության մեջ էի այդ ժամանակ...

— Իսկ ե՞ս... իսկ ես ինչպես տխուր էի այդ ժամանակ, Սոֆիա, — ասաց տիկին Հարությանը: — Ար տեսնում էի քո միշտ տխուր, մելամաղձոտ, թախծալից դեմքը, իմ սիրտն այնպես կտրատվում, այնպե՜ս ցավում էր, որ ի՞նչ չէի տալ, եթե դու այդ ժամանակ առաջվա նման գոնե ծիծաղեիր, ժպտայիր... մանավանդ, որ դու ինձ այնպես բոլորովին սառնությամբ էիր ընդունում... Օ՛հ, եթե գիտենայիր, թե ո՛րքան ես մտածել եմ քո մասին, Սոֆիա, թե քանի՛ անգամ ես աղոթել եմ քեզ համար..

— Մի՞թե դու ինձ այդ աստիճան սիրում ես, Նունե, — կանչեց իշխանուհին, որին նրա անկեղծությունը փոքր-ինչ դուր էր եկել, չնայելով, որ նրան դարձյալ ատում էր, բայց ստիպված էր նրա հետ առաջվա նման սիրով վարվելու:

— Օ՜, չափազանց, չափազա՜նց, Սոֆիա... Դու այնքա՜ն լավն, այնքա՜ն գեղեցիկ ես, որ անկարելի է քեզ չսիրել:

Իշխանուհին ինքն էլ չհասկացավ, թե ինչու այդ խոսքերի վրա ուրախ կերպով ծիծաղեց և նայեց պարոն Հարությանին, որ՝ մինչև այդ ժամանակ լուռ և ինչ-որ բանի մասին մտածելով՝ նայում էր նրա գեղաժպիտ դեմքին: Մի ակնթարթում այդ անկեղծ գովասանական խոսքերը դուրս հանեցին նրա սրտից դեպի յուր վաղեմի ընկերուհին ունեցած նրա ատելությունն, և նա սկսեց դեպի նա մի տեսակ բան զգալ, որ ոչ սեր էր, ոչ շնորհակալություն: Նա ջերմ զգացմունքով առավ նրա ձեռքերն և ամուր-ամուր սեղմելով նրան ասաց.

— Ուրեմն դու պետք է մոռանաս այն բոլորն, ինչ որ ակամայից ես պատճառել եմ քեզ, Նո՛ւնե.. դուք ևս, պարոն Հարության... գուցե ձեզ ևս մի որևիցե անախորժություն եմ պատճառել... Կրկնում եմ, գլխացավս ինձ մի այնպիսի

Մարսափելի դրության մեջ էր ձգել, որ ես ինձ բոլորովին կորցրել էի և, շատ կարելի է, որ ես մի որևիցե բանով ձեզ նեղացրած լինեմ այդ ժամանակ..,

— Իզուր դուք այդպես անհանգստանում եք, իխանուհի, — ասաց պարոն Հարունյանը: — Ոչ ոք ձեզանից, նեղացած չէ և իրավունք չունի նեղանալու... Դուք ի՞նչ մեղավոր եք, որ գլխացավը ձեզ այն դրության մեջ էր գցել... իսկ այժմ ես շատ ուրախ եմ, որ վերջապես այդ գլխացավն անցել է բոլորովին, և դուք ձեզ հանգիստ ու թեթևացած եք զգում:

Իշխանուհին այդ խոսքերի վրա նրա դեմքին խոր նայեց, արդյոք նա դարձյալ ամեն բան հասկանո՞ւմ է և ծաղրո՞ւմ է նրան: Բայց նա ոչինչ հետևանքի չհասավ, որովհետև պարոն Հարունյանի դեմքն այդ րոպեին բոլորովին լուրջ էր և ինչ-որ մտածության արտահայտություն կար նրա վրա:

— Ինչևիցե, — ասաց նա: — Ուրեմն դուք ամեն բան հասկանում եք և ներում եք ինձ... իսկ այժմս ես կամենում եմ ձեզ անպատճառ հյուրասիրել իմ դաստակերտում, իբրև տուգանք... և, իհարկե, դուք ինձ չեք մերժիլ, այնպես չէ՞, պարոն Հարունյան... Նունե, դու խո բոլորովին չես մերժիլ:

— Մերժե՜լ, — կանչեց տիկին Հարունյանը ծիծաղելով: — Դու ինձ ծաղրո՞ւմ ես, Սոֆիա:

— Ուրեմն դու համաձայն ես... իսկ դո՞ւք, պարոն Հարունյան:

— Ուրախությամբ, իշխանուհի — պատասխանեց պարոն Հարունյանը՝ տեսնելով, որ անկարելի է նրա խնդիրքից խույս տալ: — Երբ դուք այդ խնդրում եք, ես անկարող եմ մերժել...

Ի՜նչպես դուր եկան այդ խոսքերն իշխանուհուն, որ տակավին առաջին անգամ էր լսում այդ օտարոտի մարդու բերանից: Ի՞նչ կլիներ, եթե այդ խիստ մարդը միշտ այդպես խոսեր նրա հետ. չէ՞ որ այդ խոսքերից ամեն մեկը նրան այնքա՜ն ախորժելի, այնքա՜ն քաղցր էր թվում, չէ՞ որ այդ, ըստ երևույթին, ամենահասարակ խոսքերը լսելով նրա բերանից՝ նրա սիրտն իսկույն թրթռում էր մի այնպիսի երջանկությամբ, որի նմանը տակավին չէր պատճառել նրան նրա տարփավոր բազմաթիվ երկրպագուներից և ո՜չ մեկի թունդ սիրապատիր խոսքերի ամբողջ բառարանը:

— Ա՜խ, ի՜նչ լավ է, — կանչեց նա՝ չկարողանալով զսպել յուր չափազանց ուրախությունը: — Մա՜րիա, — դարձավ նա աղախնուն, որ փոքր-ինչ հեռու կանգնած՝ նայում էր նրանց, առանց հասկանալու նրանց լեզուն, — շտապիր դաստակերտն և ամեն բան պատրաստիր, մենք իսկույն գալիս ենք:

Մարիան հեռացավ իսկույն:

— Առայժմս, սիրելի բարեկամներս, գնանք, — ասաց իշխանուհին՝ առնելով տիկին Հարունյանի թևը: — Հուսով եմ, որ դուք իմ դաստակերտը շատ կհավանեք, և այսօր այնտեղ լավ երեկո կանցկացնենք: Սիրելի բարեկամներով, առավելապես այսպիսի տեղերում, ժամանակը շատ ուրախ և աննկատելի կերպով է անցնում... Բայց ո՞ւր է ձեր եղբայրը, պարոն Հարունյան:

— Նա որսի է գնացել, իշխանուհի:

— Արմենակը բոլորովին սիրահարվել է որսորդության վրա, — ասաց յուր կողմից տիկին Հարունյանը: — Ողջ թափառում է անտառներում և միայն ուշ երեկոյան է տուն գալիս:

Եվ այդպես խոսակցությունը շարունակելով, նրանք դիմեցին դեպի իշխանուհու դաստակերտը: Կես ժամից հետո եկավ և Պետրովը: Նույն օրվա սաստիկ ուրախ տրամադրության ներքո՝ նա նախ մի քանի անգամ համբուրեց իշխանուհու ձեռքն, ապա բարևեց Հարունյաններին: Պետրովի՝ յուր ձեռքը համբուրելիս՝ իշխանուհին աչքի տակով նայեց պարոն Հարունյանին և նրա դեմքի վրա կարդաց այն բոլորն, ինչ որ նա զգում էր դեպի այդ աստիճանավորը: Նույն երեկոյան նա մի քանի անգամ կոկետություն արավ Պետրովի առաջ: Պարոն Հարունյանին, ըստ երևույթին, այդ չէր դուր գալիս, իշխանուհին այդ տեսնում էր և դարձյալ շարունակում էր: Իսկ Պետրովը, որ բոլորովին չէր սպասում, թե իշխանուհին այդ օրը մինչև այդ աստիճան լավ աչքով կնայե յուր վրա, գրեթե խելագարվել էր այդ անակնկալությունից, մի րոպե անգամ չկասկածելով՝ թե ի՛նչ հիմար դեր է կատարում ինքն այդտեղ: Նա շուտ-շուտ առնում էր իշխանուհու ձեռքն և համբուրում էր, որով ավելի ևս կատաղեցնում էր պարոն Հարունյանին, որ բոլորովին զարմացած մնացել էր, թե ի՛նչ է նշանակում իշխանուհու այդ հանկարծակի անակնկալ փոփոխությունը դեպի Պետրովը, որին առաջ այնպես արհամարհությամբ էր նայում: Բայց նրա ի՞նչ գործն է, թե իշխանուհին առաջ ի՛նչպես էր նայում նրա վրա, իսկ այժմ՝ ի՛նչպես... էլ ինչո՞ւ նրա կատաղությունը գալիս է, որ իշխանուհին նրա հետ փոքր-ինչ սիրով է վարվում: — Ահա բանը դրանումն էր, որ պարոն Հարունյանն իրեն հաշիվ տալ չէր կարողանում, թե ինչո՞ւ խիստ ինչպես։ Ճշմարիտ է, նա այդ վերագրում էր յուր դեպի իշխանուհին տածած սիրույն, բայց խո նա մի րոպե անգամ մտքով չէր անցրել, թե իշխանուհին կարող է պատկանել իրեն, չէ՞ որ այդ սերը նա ապօրինի էր համարում և ամեն կերպ աշխատում էր դուրս կորզել յուր սրտից... Տիկին Հարունյանը նույնպես զարմացել էր յուր ընկերուհու դեպի Պետրովն ունեցած վարմունքի վրա։ Նա այդ վերագրում էր այն բանին — թեպետև բոլորովին կասկածանքով — որ գուցե իշխանուհին այժմ սկսել է սիրել այդ լիրբ աստիճանավորին։ Նա այնքան սիրում էր յուր վաղեմի ընկերուհուն և ատում Պետրովին, որ նրան բոլորովին դուր չէր գալիս, երբ առաջինն այնպես ժպտում էր վերջինիս դեմքին և նրա առաջ այնպես կոկետություններ անում։ Եվ թեպետ նա շատ էր ցանկանում դրա պատճառն իմանալ, բայց չէր համարձակվում այդ միանգամից հարցնելու իշխանուհուց։ Իշխանուհին այդ երեկո շատ ուրախ տրամադրության մեջ էր. նա ամեն կերպ աշխատում էր զբաղեցնել յուր հյուրերին։ Հին դաշնամուրի վրա, որ երկար տարիներից հետո առաջին անգամն էր բացվում, նա երգեց յուր սիրած ամենանշանավոր կոմպոզիտորների մի քանի դժվար ածելի պիեսներ։ Յուր գեղեցիկ ձայնով և երաժշտության ու երգի մեջ ունեցած հմտությամբ, նա համարձակ կարող էր մրցել լավ և փորձված երգչուհու հետ։ Նրա ձայնը շատ դուր եկավ մանավանդ պարոն Հարունյանին, որ բոլոր ժամանակ նայում էր նրա փոքրիկ, լիաշուրթ, բերանին և սպիտակ պարանոցին... Որքան սքանչելի էր երևում նրան այդ կինը երգելու ժամանակ նա չէր կարողանում յուր աչքը հեռացնել նրանից։ Տիկին Հարունյանին նույնպես շատ դուր եկավ նրա ձայնը, նա գտավ, որ յուր վաղեմի ընկերուհու ձայնը գրեթե միննույնն է, ինչ որ էր տասը տարի առաջ, երբ նա նույնքան հիանալի երգում էր։ Իսկ Պետրովը վերին աստիճանի հիացմունքից խելքը կորցրել էր. նա մինչև անգամ երդվեց, որ իշխանուհու ձայնը իրենց ռուսների ողջ աշխարհիս մեջ եզակի կարելի է համարել, որ Պատտի և Նիլսոնի ձայնը դրա ձայնի մոտ ոչինչ է։ Մի խոսքով՝ երեկոն շատ լավ անցկացավ իշխանուհու դաստակերտում։ Այնուհետև Պետրովն և Հարունյանները տուն գնացին։ Հեռանալուն պես պարոն Հարունյանն զգաց, որ այդ երեկոն իրեն արժան չէր նստի։ Ողջ գիշերը նրա աչքերի առաջից չէր հեռանում իշխանուհու պատկերը, նրա ականջներում տակավին հնչում էր նրա դյութիչ ձայնը... Հետևյալ օրը նրանք դարձյալ հրավիրված էին իշխանուհու դաստակերտում: Պարոն Հարությանը, որքան էլ այդ չցանկանար, բայց ստիպված էր գնալու: Այս անգամ նրանց հետ էր և Արմենակը, որ տիկին Հարությանի խնդրանոք միայն այդ օրը չէր գնացել որսի: Պետրովն արդեն իշխանուհու մոտ էր, երբ նրանք գնացին նրա դաստակերտը: Այս անգամ արդեն Պետրովը բոլորովին զզվելի և ատելի թվաց թե՛ տիկին և թե՛ պարոն Հարությանին: Իշխանուհին Պետրովի հետ վարվում էր նույնպես, ինչպես և նախորդ օրն, և, իհարկե, ընդմին աչքի տակով թաքուն դիտում էր պարոն Հարությանին: Պարոն Հարությանն այդ ժամանակ ակամայից եռում էր յուր մեջ: Իշխանուհին տեսնում էր, և այդ նրան մեծ բավականություն էր պատճառում:

— Գտել եմ քեզ կակղեցնելու եղանակն, — ասում էր նա յուր մտքում և շարունակում էր յուր կոկետությունը Պետրովի առաջ. Պարոն Հարությանը դարձյալ չէր կարողանում հասկանալ դրա պատճառը: Բայց երբ մի անգամ էլ իշխանուհին ինչ-որ սիրալիր խոսք ասեց Պետրովին, որի համար և վերջինս իսկույն առավ նրա ձեռքն և սկսեց համբուրել, նա հանկարծ որսաց նրա զաղտագողի հայացքը, որ այդպիսի ժամանակներում նա միշտ զցում էր նրա վրա: Եվ պարոն Հարությանը այդ մի հայացքից ամեն բան հասկացավ: — Ա՜, սա ուզում է իմ մեջ խանդոտություն զարթեցնել, — ասաց նա յուր մտքում և նրա սիրտն հանդարտվեց... Այժմ Պետրովը նրան այլևս այնպես զզվելի և ահռելի չէր թվում, ինչպես առաջ: Նա այլևս նշանակություն չէր տալիս իշխանուհու դեպի նա ունեցած վարմունքին: Այնինչ տիկին Հարությանին այդ դարձյալ կատաղեցնում էր: Վերջապես նա չկարողացավ համբերել և թաքուն հարցրեց յուր վաղեմի ընկերուհուց, որ չլինի՞ թե նա արդեն սկսել է սիրել այդ աստիճանավորին: Իշխանուհին միայն ծիծաղեց և ոչինչ չպատասխանեց: Արմենակը նույնպես զարմացել էր իշխանուհու դեպի Պետրովն ունեցած վարմունքի վրա, բայց ոչ նա և ոչ տիկին Հարությանը բնավ կասկածել չէին կարող, թե այդ իսկապես ի՛նչ է նշանակում: Իշխանուհին նախորդ օրվանից ավելի լավ տրամադրության մեջ էր: Ճաշից հետո մինչև անգամ նա առավ պարոն Հարությանի թևն և խնդրեց յուր գեղեցիկ պարտեզում փոքր-ինչ զբոսնել: Մյուսները հետևեցին նրանց: Ահա՛ թե պարոն Հարությանի դրությունը երբ վատացավ, ճաշին մի քանի բաժակ ավելի խմած լինելով՝ նրա ջղերը գրգռվել էին, իսկ այժմ, նրա թևն առած և նրա կողքին կպած՝ նրա հետ ման էր գալիս այն գեղեցիկ կինը, որին ինքը սիրում էր... Ամեն անգամ, երբ նրա ձեռքը շփվում էր իշխանուհու ողորկ, ատլասում սեղմված՝ կողքի հետ, նա չէր հասկանում, թե ի՛նչ է կատարվում յուր մեջ, միայն զգում էր, որ ամբողջ մարմնով դողում է: Բայց այդ դողալն այնքա՛ն ախորժելի էր... Իշխանուհին այդ տեսնում էր և առավել ևս կպչում էր նրա կողքին: Պարոն Հարունյանի լեզուն, կարծես, կապվել էր. նա խոսել չէր կարողանում, խոսում էր միայն իշխանուհին... խոսում էր և ժպտում, և այդ ժպտի մեջ այնքա՛ն բան կարելի էր կարդալ...

Նրանք բոլոր ժամանակ առջևից էին գնում, իսկ մյուսներն — ետևից: Պարոն Հարունյանն այդ ժամանակ հանկարծ ետ նայեց, և նրա աչքերը հանդիպեցան Պետրովի փոքրիկ աչքերին, որոնք այդ րոպեին վառվում էին ինչ-որ չար նենգությամբ և որոնք, ինչպես երևում էր, բոլոր ժամանակը նրա վրա էին հառած: Պարոն Հարունյանը նայեց և յուր կնոջը, որ քայլում էր Պետրովի հետ, կինը ժպտում էր, որպես ժպտում է միամիտ, անմեղ երեխան... Եվ այդ ժպիտը տեսնելով, ի՞նչ զգաց արդյոք պարոն Հարունյանը...

ԺԴ

ՍԵՐ, ԽԻՂՃ ԵՎ ՈՒՂԵՂ

Եվ այսպես, իշխանուհու և Հարունյանների մեջ եղած բարեկամական կապը նորոգվեցավ ու առավել ևս ամրապնդվեցավ: Պարոն Հարունյանն արդեն նեղ տեղն ընկավ: Իշխանուհին — այդ գեղեցիկ, սատանա կինն յուր անվերջ հետամտությամբ նորից բորբոքեց նրա սրտի մեջ արդեն մոխիր կտրող սիրո բոցը, որ այժմ առավել ևս սկսել էր նրան տանջել և հանգստություն չտալ: Ամառանոցում նա այլևս կարող չէր գործերը պատճառ բերել և խույս տալ իշխանուհուց, այլ ստիպված էր ամենայն օր տեսնել նրան կամ յուր տանը, կամ նրա դաստակերտում և շատ անգամ ողջ օրը նրա հետ անցկացնել: Լինում էին րոպեներ, երբ նա ամենայն հոժարությամբ ցանկանում էր փախչել հեռու, հեռու, մի այնպիսի տեղ, ուր այդ գեղեցիկ կինը բնավ չկարողանար ոտք կոխել և վրդովել նրա ընտանեկան խաղաղությունը: Եվ այդ րոպեներին ի՞նչ չէր տալ, ի՞նչ չէր անիլ նա, եթե միայն ընդմիշտ կարողանար ազատվել այդ գեղեցկուհուց, որ ամենուրեք ստվերի նման նրան հետևում էր: Բայց և լինում էին րոպեներ, երբ նրա սիրտը, հոգին, ամբողջ գոյությունը, կարծես, ուզում էր թռչել, սլանալ դեպի այդ հրաշալի գեղեցկությունը, ուզում էր հավիտյան լինել նրա մոտ, նրա կողքին, հավիտյան նայել նրան, հավիտյան լսել նրա հոգեզմայլ ձայնը... Երբ սերը նրան շատ էր նեղացնում, նա եղբոր հետ գնում էր որսի և ողջ օրը այնտեղ էր անցկացնում, որպեսզի ցրի իրեն անդադար զբաղեցնող մտքերը: Բայց իզո՛ւր, իշխանուհին յուր դյութությունները թափել էր նրա սրտի խորքերը, ուր նրանք անդադար ուռում, կրծում էին, ինչպես ցեցեր: Այժմ նա առավել ևս զգում էր, որ ոչինչ այնքա՛ն դժվար կարող չէ լինել, որքան պատերազմը, որ մարդ մղում է յուր սիրո զգացմունքի դեմ: Յուր բոլոր հաստատակամությամբ նա կարծում էր, որ մի այդպիսի հերոսություն բնությունից մարդուն տված չէ և մարդ՝ հաղթության հաղթանակի հուսով՝ իզուր ամենայն ջանք գործ կդնե սիրո դեմ համառությամբ կանգնելու... Ի՞նչ աներ: Նա զգում էր, որ հուսահատությունը կամաց-կամաց տիրում է իրեն...

Անցնում էին օրեր, շաբաթներ...

Գիշեր էր:

Գրասեղանի վրա վառվում էր թանկագին լամպարը: Նրա կապույտ լուսամփոփից սենյակի մեջ ամեն ինչ կապույտ լույս էր ստացել: Կապույտ գույն էր ստացել և պարոն Հարունյանը, մանավանդ որ հագած ուներ թավիշե կապույտ խալաթ: Նա մենակ էր սենյակում: Ետ էր ընկած լայն բազկաթոռի մեջքի վրա, գրասեղանի առաջ, և անթարթ աչքով նայում էր բարձր առաստաղին: Ո՛չ մի շարժում. եթե աչքերը բաց չլինեին, նայողը չէր կասկածիլ, որ նա քնած է: Նրա դեմքի վրա, սովորական լրջության, հանգստության փոխարեն կարելի էր նկատել մի տեսակ ծանր, տանջող վշտի արտահայտություն:

Նա մտածում էր: Մտածում էր յուր դրության մասին, բայց այդ ժամանակ նրա մեջ սիրտը, սիրո զգացմունքներն ավելի մեծ ուժով էին գործում, քան գործում էր ուղեղը: Նա զգում էր, որ ամեն տեսակ լուրջ խոհականություն, ամեն տեսակ պարզ հեռատեսություն սիրո ինքնակամ զգացմունքների առաջ աղոտանում են, նա զգում էր, որ կամքը, հաստատամտությունը սիրո առաջ ընկճվում է, որպես թզուկը՝ վիթխարիի առաջ:

«Ո՞ւմ դեմն եմ պատերազմում ես, — մտածում էր նա, — բնության անշեղ օրենքի դեմ: — Իզո՛ւր, դոն-քիշոտակա՛ն պատերազմ: — Կարելի՞ է արդյոք արևին ասել, — լույս մի՛ տար, որովհետև ես խավար եմ ուզում — կամ հրամայել ալեկոծ ծովին, որ նա խաղաղվի... Եվ արդյոք մինչև ե՞րբ պետք է տևի այս պատերազմը... մինչև ե՞րբ պետք է դիմանամ ես այս սոսկալի տանջանքներին, որոնք… օրեցօր կրկնապատկվում են, և կարո՞ղ եմ արդյոք տանել դրանց, երբ այժմեն իսկ զգում եմ, որ պետք է ուժասպառ ընկրճվիմ... Օ՜, խի՜ղճ, խի՜ղճ, այդպես անողորմ մի՛ տանջիր ինձ, եթե մարդկային կամքն ապառաժ անգամ լինի, չէ կարող չխորտակվել այն զգացմունքից, որ այս րոպեիս գործում է իմ մեջ — իսկ չէ՞ որ ես մարդ եմ... մարդ, եմ մարդկային բոլոր կրքերով բոլոր ցանկություններով, որոնց տվել է ինձ ինքը՝ բնությունը, որոնց կառավարում է ինքը՝ բնությունը… և եթե կամքս թույլ գտնվի տանելու դրանց բռնությունը) և, վերջապես, ընկճված՝ անձնատուր լինեմ դրանց, մի՞թե մեղավորն ես կլինեմ… մի՞թե քեզ հետ և մարդիկ այնքան անգութ կգտնվեն, որ կդատապարտեն, կհալածեն ինձ… բայց ես ի՞նչ, մեղ ունեմ, դատապարտեցե՛ք, հալածեցե՛ք բնությանը: իսկ ես մարդ եմ հողեղեն, որ կախված եմ նրանից... Ինչո՞ւ բնությունը, ստեղծելով ինձ, ապօրինի, հանցագործ սիրո հետ տվել է ինձ. և պարտաճանաչության զգացմունք... եթե այդ տվել է, ուրեմն դրա հետ պետք է տար և անխորտակելի կամք, որով կարող լինեի հաղթությամբ դիմադրել ապօրինի սիրո դյութություններին, որպեսզի ի վերջո սոսկալի թշվառության մեջ չընկնեի և ինձ հետ թշվառացնեի ուրիշին...»:

Նա հանկարծ սթափվեց, նստեց ուղիղ և անմիտ հայացքով նայեց շուրջը: Մտածության ժամանակ նա այն աստիճան ինքնամոռացության մեջ էր ընկել, որ սթափվելուց հետո կարծում էր, թե մտածությունը նա արտասանել է բարձրաձայն, որ և ամբողջ աշխարհին լսելի էր եղել, մանավանդ, որ թե՛ դուրսն և թե՛ սենյակում կատարյալ լռություն էր տիրում: Մի քանի անգամ անմտորեն շուրջը նայելուց հետո նա այս անգամ արմունկները հենեց գրասեղանին և բորբոքված գլուխը բռնեց ձեռքերի մեջ:

«Բայց ի՞նչ եմ կամենում ես», — խոսեց նա գրեթե լսելի ձայնով:

— Հավիտյան երջանկությո՛ւն, — աղաղակեց սերը:

— Անվերջ թշվառությո՛ւն, — աղաղակեց ուղեղը:

— Պարտազանցությո՛ւն, — աղաղակեց խիղճը:

— Երջանկությո՛ւն, երջանկությո՛ւն, — նորից աղաղակեց սերը, և այդ ուժգին աղաղակի մեջ խլացավ ուղեղի և խղճի թույլ աղաղակը:

«Արի՛, արի՛ ինձ մոտ, անմի՛տ դու մարդ, — այս անգամ սերը, կարծես սկսեց երգել երջանկությունն ես ինքս եմ: Որպես զովարար ցող, ես իջնում եմ մարզիկների սրտերի վրա և լվանում եմ դառնության փոշին... Որպես եդեմական թովչաբար ծաղիկ; ես բուրում եմ, և իմ բուրմունքս քաղցրագույն թմրություն է շնորհում... Իմ համբույրս դյութիչ ինքնուրացություն է, իմ մի րոպես հազար կյանք արժե, իսկ գիրկս — հազար դրախտներ... Արի՛, արի՛...»:

Նա ընկավ խորին հափշտակության մեջ: Սիրո հրաշալի երգը հնչում էր նրա ականջներում, որպես կանաչազեղ կղզու սիրենների դյութիչ մեղեդին: Դրա ազդեցության տակ նրա ուղեղը կաշկանդվել էր: Կին, զավակ, հավատարմություն, բարոյականություն և ամեն ինչ ծածկվել էր թանձր վարագույրով, նրա առաջ հրաշալի դիրքով կանգնած էր կնոջ գեղեցկության մի կատարելատիպ, որ փափուկ ձեռքով կանչում էր նրան, և նրա ժպիտը կյանք էր բաշխում, նրա շունչը հեշտություն էր տարածում... Ա՛խ, ընկնել նրա ոտների առաջ և երջանիկ ինքնուրացության մեջ հալվե՛լ, հալվե՛լ, որպես հալվում է ձյունը գարնանային արևի ճառագայթներից...

Հարևան սենյակում ինչ-որ չրխկաց: Եթե այդ րոպեին դուրսը թնդանոթ անգամ արձակեին, նա գուցե չլսեր, բայց հարևան սենյակի թույլ չրխկոցը իսկույն սթափեցրեց նրան: Նա հանկարծ բարձրացրեց գլուխը, արագությամբ նայեց սենյակի դռան կողմն և իսկույն, ինքն էլ չիմանալով թե ինչո՛ւ, վեր կացավ տեղից: Նա շունչն ակամայից իրեն քաշեց, և նրա չռած աչքերը հառած մնացին հարևան սենյակի դռան վրա: Այդպես նայում են ոճրագործները, որոնք կարծում են, թե մեկը գաղտնի վկա է իրենց ոճրագործության, մի րոպե այդպես նայելուց հետո հավաստիանալով, որ հարևան սենյակում ամեն ինչ լուռ է, նա, ըստ երևույթին, հանգստացավ, խոր հոգոց հանեց, հոնքերը խորին դառնությամբ կիտեց, ձեռքը մի քանի անգամ շփեց ճակատին և հանդարտ քայլերով սկսեց անցուդարձ անել սենյակի երկարությամբ: Ամբողջ հատակը ծածկված էր գորգով, որ նրա փոքրիկ հողաթափների ձայնը բոլորովին անլսելի էր կացուցանում:

Մի քանի անգամ այդպես անցուդարձ անելուց հետո նա կանգնեց հարևան սենյակի դռան առաջ, նրա ոտները, կարծես ակամայից, գամվեցին հատակի վրա: Հարևան սենյակի դուռը փոքր-ինչ բաց էր, և այդ բացվածքից մյուս սենյակում նա տեսավ հետևյալը.

Հանդեպի պատի մոտ դրված փոքրիկ մահճակալի վրա պառկած էր յուր զավակը — փոքրիկ Հայկանուշը: Նա քնած էր, որպես քնում են անմեղ և անհոգ մանուկները: Նրա առաջ, հատակի վրա, տնային սպիտակ հանդերձով և ցիրուցան մազերով՝ չոքած էր յուր կինը — նունեն: Նա ձեռքերը կցած ուներ կրծքի վրա, իսկ սևորակ աչքերը ամենախորին ջերմեռանդությամբ համբարձել էր դեպի երկինք: Նրա շրթունքները շարժվում էին: Նա աղոթում էր: Որքա՛ն գեղեցիկ, որքա՛ն սքանչելի էր նա յուր այդ դրությամբ: Ինչ-որ աներկրային, վեհ, սրբազան բան կար այդ երևույթի մեջ... նա կարծես մի հրեշտակ լիներ, որ սրբազան լուսո ճաճանչներով շրջապատված՝ իջել էր երկնքից և անարատ սրբի անարատ բերանով վեր էր առաքում բարձրելույն յուր սրբազան, ջերմաջերմ աղոթքը մեղավորների, հանցագործների հոգու փրկության համար…

Պարոն Հարությանի բոլոր անդամներով ինչ-որ սարսուռ անցավ, որ ցնցեց նրա ողջ գոյությունը: Նույն րոպեին նրա սրտի մեջ, կարծես, դժոխք բորբոքվեցավ: Նա երկար չկարողացավ նայել հարևան սենյակի ներսը և, իսկույն տրվելով մի կողմը, կարծես ուժասպառ, հենվեց պատին: Նրան թվում էր, թե յուր անարժան հայացքով կարող է սրբապղծել հարևան սենյակի սրբազան տեսարանը...

Անցավ երկու րոպե, սենյակի դուռն անլսելի կերպով բացվեցավ, և հուշիկ քայլերով ներս մտավ տիկին Հարությանը: Նրան տեսնելուն պես՝ ամուսինը դողաց, որպես չարանենգ դևը հրեշտակի սրբազան ահավորության առաջ: Տիկինն երևի կարծում էր, որ ամուսինը պարապում է, որովհետև մտնելուն պես գնաց դեպի գրասեղանը, բայց տեսնելով, որ նրա առաջ ոչ ոք չկա, հանկարծ կանգնեց զարմացած և արագությամբ նայեց յուր շուրջը:

Նա տեսավ ամուսնուն, որ՝ առաջվա նման պատին հենված՝ սարսափով նայում էր նրա վրա, որպես հոգեառ հրեշտակի վրա: Տիկինը շտապով մոտեցավ նրան:

— Ստեփանո՛ս, ինչո՞ւ դու այդտեղ կանգնել ես, — զարմացած, կարեկցությամբ և երկյուղով հարցրեց նա:

Ամուսնու ոտները ծալվեցին, նա ընկավ ծնկների վրա կնոջ առաջ:

— Դո՛ւ, միայն դո՛ւ... — կարողացավ արտասանել նա և, ամուր գրկելով նրա ոտները, դեմքը ծածկեց նրա սպիտակ հանդերձի ծալքերի մեջ:

Կինն, առանց մի խոսք արտասանելու, կամաց կռացավ և նրա գլուխն առավ յուր ձեռքերի մեջ:

ԺԵ

ՃԳՆԱԺԱՄ

Հետևյալ օրը Հարունյանի դեմքի վրա կարելի էր նկատել ինչ-որ անսովոր հաստատ վճռականություն: Դեռ ո՛չ մի ժամանակ նրա շարժումներն այնպես զգաստ չէին եղել, ինչպես այդ օրը, դեռ ո՛չ մի ժամանակ նրա հայացքն այնպես սառը չէր եղել, ինչպես այդ օրը, վերջապես՝ դեռ ոչ մի ժամանակ նրա ձայնն այնպես հանդարտ և միակերպ չէր հնչել, ինչպես այդ օրը: — Այդպես լինում են միայն մահվան դատապարտվածները, որոնք արդեն հաշտված են լինում իրենց դրության հետ և սպասում են նշանակյալ ժամանակին, երբ իրենք աշխարհիս մեջ այլևս գոյություն չպետք է ունենան: Գիշերը նա ամենևին չէր քնել, մինչև լույս մտածել էր, թե ի՞նչպես անե, որ յուր անտանելի դրությունից դուրս գա, և վերջապես հասել էր հետևյալ հաստատ վճռականության:

Նույն օրն ինքը բոլորովին մենակ պետք է գնա իշխանուհու մոտ, պետք է ուղղակի հայտնե նրան յուր սերը, պետք է բացատրել այդ սիրո բոլոր սարսափելի հետևանքները թե՛ յուր և թե նրա վերաբերությամբ և, վերջապես, պետք է խնդրե, աղաչե նրան, որ նա կամ հեռանա իրենից ընդմիշտ, կամ խզի կնոջ և իրեն հետ ունեցած յուր հարաբերությունը: Բայց արդյոք Հարությունյանը հասկանո՞ւմ էր, զգո՞ւմ էր, թե որքա՛ն հանդուգն քայլ է այդ: Գուցե հասկանում էր, բայց ինչպիսի քայլ էլ որ լիներ այդ, նա անպատճառ պետք է աներ, որովհետև բացի դրանից, նա ուրիշ ավելի լավ, հարմար միջոց չէր կարողացել գտնել յուր դրությունից դուրս գալու համար:

Նա կազմել էր մի երկար ծրագիր, թե ի՛նչպես ինքը պետք է մտնի իշխանուհու մոտ, ի՛նչպես և ի՛նչ խոսքով պետք է վերջացնի յուր խոսակցությունը: Այդ ծրագիրը, մի քանի անգամ կրկնելով, նա բերան էր արել և սպասում էր հարմար միջոցի, որ կարողանա գնալ իշխանուհու մոտ:

Առավոտյան նրան չհաջողվեցավ գնալ, որովհետև, Արմենակը, որ մի քանի գործերի պատճառով պետք է գնար քաղաք, արգելք եղավ: Կեսօրից հետո նա ավելի հարմար դատեց գնալու, որովհետև այդ ժամանակ իշխանուհին, նրա կարծիքով, բոլորովին մենակ կլիներ:

Ժամի հինգն էր, երբ նա պատրաստվեցավ գնալու: Հագնվելիս նա առանձին ուշադրություն դարձրեց հագուստի և սանրվածքի վրա: Ինչո՞ւ: Այդ ինքն էլ չգիտեր:

— Նունե, գնում եմ անտառը զբոսանքի, — խաբեց նա կնոջը:

— Ինչո՞ւ այդպես վաղ, — հարցրեց կինը:

— Իրիկվանից դեռ ես ինձ վատ եմ զգում... գլո՛ւխս ցավում է... այրվում է, ուզում եմ գնալ փոքր-ինչ հովին դիպչել:

— Ուրեմն՝ սպասիր, սիրելիս, միասին գնանք, ես իսկույն կհագնվեմ…

— Ոչ, ի՞նչ հարկավոր է, Նունե. ես մենակ կգնամ... դու կաց տանը… եղանակն այսօր վատ է… և լավ կանես, որ տնից բոլորովին դուրս չգաս... Ես իսկույն կվերադառնամ...

— Լավ, սիրելիս, միայն անհամբեր և անհանգիստ կսպասեմ քեզ:

— Այո, սպասիր ինձ և տնից բոլորովին դուրս մի գար... Ես շուտով կվերադառնամ:

Ամուսինը դուրս գնաց. կինն ակամա մտախոհ կերպով նայեց նրա ետևից:

Քառորդ ժամից հետո Հարությունյանը բարձրանում էր իշխանուհու դաստակերտի սանդուղքով: Առաջին անգամ յուր ողջ կյանքի մեջ նրա սիրտը դողալով տրոփում էր, ինչպես տրոփում է այն աշակերտի սիրտը, որ գնում է հարցաքննություն տալու: Թե ուրիշ ի՞նչ էր կատարվում նրա ներսը — այդ նրա լուրջ դեմքը բնավ չէր բացահայտում: Առանց իմացում տալու, նա ուղղակի մտավ իշխանուհու սենյակը:

Իշխանուհին մենակ նստած էր լուսամուտի առաջ և փոքրիկ սեղանի վրա թափած կարմիր վարդերից փնջեր էր կազմում: Մա այս անգամ հագած ուներ ձյունի նման սպիտակ, թեթև տնային հանդերձ, որ կրծքի վրա՝ կողքից, կոճակների փոխարեն, կապվում էր կապույտ ժապավեններով: Կորսետը չէր սեղմում նրա իրանը, որ, իրեն արձակ զգալով, արձակ հանդերձի մեջ երևան էր հանում յուր ինքնակերպ հրապուրիչ գեղեցկությունը: Հանդերձի շատ սիրուն օձիքն այնքան լայն էր, որ բոլորովին ազատ թողնելով նրա երկար, գեղեցիկ, ճկուն վիզը հազիվ ծածկում էր նրա կլորիկ, փայլուն ուսերն և հասուն, առողջ մարմարանման կուրծքի վերին մասը, իսկ թևքերը լայն լինելով հանդերձ, այնքան կարճ էին, որ բոլորովին մերկ էին թողնում նրա սպիտակ ձեռքերի սպիտակ կանգուններըը: Մազերն, ինչպես տանն եղած ժամանակ նա միշտ սովորություն ուներ, թողել էր բոլորովին արձակ: Կատարելապես պսակելով սիրուն գլուխը, նրանք ծանր, խիտ ալիքներով, իջնում էին նրա ուսերի վրա և, խաղալով փոքրիկ ականջների հետ, ինչ-որ հրապուրիչ, աղոտ ստվեր էին ձգում նրա պարանոցի վրա: Ի՜նչքան գեղեցիկ, ի՜նչքան հրապուրիչ էր նա... Իրեն մի կողմը թողած՝ նրա նստվածքի դիրքը: Նրա հանդերձի յուրաքանչյուր ծալքը հրաշալի գեղեցկության մի ամբողջ պոեզիա էր շնչում:

Հարունյանն իշխանուհուն տակավին այդպես չէր տեսել: Խորին հիացումը մի ակնթարթում պաշարեց նրան, նա մոռացավ ամեն ինչ. մոռացավ և այն, թե ինչո՞ւ համար էր եկել և դեռ մի րոպե, խորին հափշտակությամբ նայելով նրան, մնաց արձանացած դռների մոտ. նրան թվում էր, թե առաջին անգամն է տեսնում, որ յուր սիրտը գրավողն այդքա՜ն գեղեցիկ, այդքա՜ն հրապուրիչ, այդքա՜ն թովիչ է...

— Ա՜խ, պարո՛ն Հարունյան, — նրան տեսնելուն պես, ուրախությամբ կանչեց իշխանուհին դուք վատ ժամանակ եկաք, ձեր և Նունեի սյուրպրիզը տակավին պատրաստ չէ:

Որքա՜ն գեղեցիկ էր, ո՜րքան քաղցր էր և այդ ձայնը, որ Հարունյանը կարողացավ իրեն հավաքել:

— Դուք մեզ համար սյուրպրի՞զ եք պատրաստում, իշխանո՛ւհի, — արագությամբ մոտենալով և ամուր սեղմելով նրա ձեռքը, հարցրեց նա:

— Այո՛, տեսնում եք. ես վարդերից փնջեր եմ կապում, մեկը ձեզ համար, մյուսը՝ Նունեի (Պետրովին նա, երևի, մոռացել էր), բայց, դժբախտաբար, դուք շատ անհամբեր գտնվեցաք և վաղ եկաք, որովհետև տակավին ոչ մեկն էլ պատրաստ չէ... և, բացի դրանից, դուք ինձ զրկեցիք այն բավականությունից, որ ես պիտի զգայի իմ սյուրպրիզը ձեզ շնորհելիս:

— Հայտնում եմ իմ կնոջս կողմից մեր խորին շնորհակալո՛ւթյունն, իշխանուհի, որ մենք այդքան ձեր ուշադրության արժանի ենք դարձել...

— Բայց ո՞ւր է ինքը — Նունեն, հանկարծ դռան կողմը նայելով հարցրեց իշխանուհին, որ կարծում էր, թե Հարունյանը մենակ չէր եկել:

— Նա ինձ հետ չէ, իշխանուհի, ես մենակ եմ եկել:

— Մենա՛կ... — կանչեց իշխանուհին շուտ և անզգայաբար տեղից վեր թռչելով, որի միջոցին նրա գեղեցիկ դեմքն և՛ գունատվեց, և՛ վառվեց: Հարո՛ւստ մազերը սիրուն ալիքներով թափվեցան առաջ և, ծածկելով նրա դեմքի մի մասը, ցրիվ եկան կուրծքի վրա: Առաջին նվազ անսպասելի սաստիկ ուրախությունից նա կարծեց թե խելքը կորցնում է: Հարունյանը մենա՛կ է եկել յուր մոտ. չէ՞ որ տիվ և գիշեր, ամեն ժամ և ամեն րոպե նրա սրտի ջերմ փափագն էլ հենց այդ էր: Սաստիկ հուզմունքից դեռ մի քանի վայրկյան նրա շունչը, կարծես, կտրվեց: Նա ձեռքը կամաց սեղմեց կուրծքի վրա և, գլուխը փոքր-ինչ առաջ տանելով, ըստ երևույթին դժվարությամբ օդ շնչեց: Այդ բոլորը կես րոպե հազիվ տևեց: Նա շուտով ուշքի եկավ, սիրուն մազերը կամաց, շնորհալի կերպով հավաքեց դեմքից, ուսերի վըրայով ետ ձգեց և ամենաքաղցրիկ, ամենասիրելի կերպով ժպտաց: Այդ ժպիտի մեջ կար ինչ-որ կախարդող, հափշտակիչ բան, միևնույն ժամանակ մի տեսակ ամոթխածություն, որ վայել է միայն անմեղ, սիրուն օրիորդներին: — Ներեցեք ինձ, որ ձեզ ներկայանում եմ այս դրությամբ, — ասաց նա գրեթե շշնջալով: — Դուք այնքան անսպասելի կերպով հայտնվեցաք, որ ես... Ներեցեք ինձ... ես իսկույն... հագնվեմ...

Եվ փոքր-ինչ խոնարհած, կարծես գլուխ տալով, աչքերի խոնարհեցրած և հանդերձը կողքերից փոքր-ինչ բարձրացրած, նա սիգաքայլ, շատ թեթև կերպով ետ ու ետ գնաց դեպի հարևան սենյակի դուռը:

Հարունյանը, որ այդ միջոցին իրեն կատարելապես կորցրել էր, կարծեց, թե նրա դուրս գնալուն պես ինքը պետք է զրկվի կյանքից:

— Ո՛չ, ո՛չ... մնացե՛ք... — կանչեց նա աղերսագին և, արագությամբ մոտենալով իշխանուհուն, առավ նրա ձեռքը, նախ ջերմ, սաստիկ ջերմ կերպով սեղմեց յուր ալեկոծվող կուրծքին, հետո մոտեցրեց շրթունքներին: — Ես ձեզ սիրում եմ… — այս անգամ շշնջաց նա, և նրա ոտները ծալվեցին, նա ընկավ ծնկների վրա, նրա ցնցվող շրթունքները սեղմված մնացին իշխանուհու սպիտակ, փափուկ, քնքուշ ձեռքի վրա:

Վերջապե՛ս, վերջապե՛ս... Մի ակնթարթում իշխանուհին սլացավ բարձր, բարձր Ոլիմպոսի գագաթը: Նա աստվածային վեհանձնությամբ կանգնած էր հասարակ մահկանացուներին անմատչելի այդ բարձրության վրա, և նրա հոգին, նրա ամբողջ գոյությունը, շրջապատող առօրյա աշխարհից դուրս՝ ցնծում, հրճվում էր կնային գեղեցկության հաղթանակի պսակով: Միրասփյուռ եթերքի հեզաշունչ ալիքները մեղմիկ, քնքշիկ զգվում, շոյում էին նրան...

Նա կամաց, շատ կամաց խոնարհվեց Հարունյանի վրա և հազիվհազ շշնջաց նրա ականջի մոտ.

— Ստեփանո՛ս, դուք ինձ սիրո՛ւմ եք… ինձ սիրո՛ւմ եք... Հապա Նունե՞ն...

Վերջին խոսքերի հետ կարծես մի թունավոր օձ խայթեց Հարունյանին: Նա արագությամբ բարձրացրեց գլուխը, խկագարի հայացքով նայեց իշխանուհու դեմքին (իշխանուհին, կարծես սարսափած՝ մի քայլ ետ գնաց: Յուր բերանից անզգայաբար դուրս թռած վերջին երկու բառերը նրան այժմ կյանքից զրկվելը. չափ ահավոր թվացին) և, թողնելով նրա ձեռքն յուր ձեռքերի միջից) կամաց վեր կացավ չոքած տեղից: — «Հապա Նունե՞ն, հապա Նունե՞ն» — կարծես ամբողջ սենյակն, ամբողջ աշխարհը խլացնելու չափ աղաղակում էր նրա ականջներում: Նա սաստիկ երկյուղով, մինչև անգամ դողալով նայեց շուրջը, կարծես թե զգում էր յուր կնոջ ներկայությունը: Մի երկու րոպեից նա կատարելապես հիասթափվեց:

— Ներեցեք ինձ, իշխանուհի, — վերջապես ասաց նա: — Ես... ես... այո, ես ձեզ սիրում եմ... սիրում եմ... բայց... բայց ես չեմ եկել խնդրելու ձեզանից... փոխադարձություն... այլ... տե՛ր աստված, որքա՛ն ծանր է այս րոպեն… Իշխանուհի՛, մի՞թե դուք ինձ չեք հասկանում... մի՞թե այսքան ժամանակ դուք ինձ չհասկացաք... Ա՛խ, եթե իրավ գիտենայիք, թե որքա՛ն սարսափելի է դրությունս, թե որքա՛ն թշվառ եմ ես... Ձեզ առաջին անգամ պատահելու րոպեից մինչև այս րոպես ես տանջվել եմ անդադար և այդ տանջանքս օրեցօր կրկնապատկվել է… Ո՛չ ցերեկն եմ ունեցել ես հանգիստ, ո՛չ՝ գիշերը... Ա՛խ, ինչքա՛ն ես երջանիկ կլինեի իմ սիրովս, ինչքա՛ն երջանիկ, եթե — ազատ լինեի, բայց... բայց դուք գիտեք, որ ես ունեմ կին, որի հետ ինքնահոժար կամքով կապված եմ ամուսնական սուրբ ուխտով, դուք գիտեք, որ ես ունեմ զավակ... կարո՞ղ էի արդյոք չմտածել դրանց մասին, կարո՞ղ էի արդյոք ուրանալ դրանց... չէ՞ որ այդ երկու անմեղ արարածներն իրենց միակ ամենամեծ երջանկությունը միայն իմ մեջ են տեսնում, և ես իրավո՞ւնք ունեի արդյոք, այդ հասկանալով հանդերձ, դեն հրել նրանց ինձնից... իրավո՞ւնք ունեի արդյոք խլել նրանցից այդ երջանկությունը, գլորել նրանց սոսկալի թշվառության մեջ, թունավորել նրանց ամբողջ կյանքը... Հապա մարդկային վեհ գաղափարնե՞րը... հապա բարոյականության սկզբո՞ւնքը... հապա մարդի՞կ... հապա հասարակաց անաչառ կարծի՞քը, հապա խի՞ղճը... ա՛խ, գիտե՞ք, թե ի՛նչ է խիղճը... Իշխանուհի՛, իշխանուհի՛, խղճացեք ինձ վրա... Ես եկել եմ ձեզանից գթություն հայցելու: Անշուշտ դուք այնքա՛ն ազնիվ եք, այնքա՛ն գթասիրտ, որ չեք ցանկանալ իմ այս սարսափելի տանջանքը... Այլևս ուժ չկա, իշխանուհի, ուժ... զգում եմ, որ ընկճվում եմ... բացահայտ հետևանքը զարհուրեցնում է ինձ, և այդ պատճառով ամբողջ գոյությունս անասելի կերպով տանջվում է, հեծում է, որպես մի մարմնացյալ թշվառություն… Օ՛հ, խաչս ծանր է, իշխանուհի՛, Օգնեցե՛ք ինձ, օգնեցե՛ք...

Վերջին խոսքերի հետ նա կամաց դարձյալ ծունկ խոնարհեց իշխանուհու առաջ, այս անգամ համբուրելով ոչ թե նրա ձեռքը, այլ հանդերձի քղանցքը և, բոլորովին խոնարհեցնելով յուր գլուխը, շրթունքները սեղմեց նրա վրա:

Իշխանուհին բոլոր ժամանակ կանգնած էր արձանի նման: Նրա դեմքը սաստիկ գունատվել էր. կուրծքը շարժվում էր հանդարտ, շատ հանդարտ կերպով, ձեռքերը կախված էին թողացած, շրթունքներն ամուր սեղմած էին միմյանց, աչքերը, կարծես խփված, շարունակ նայում էին ներքև, և նրա երկար, թուխ, սիրուն թերթերունքները մի շատ սքանչելի աղոտ ստվեր էին ձգում աչքերի տակ: Ի՞նչ էր կատարվում արդյոք նրա ներսը — այդ աստված գիտե, բայց որ Հարունյանի խոսքերն ազդել էին նրա վրա, այդ ակներև էր: Վերջինս տեսնելով յուր առաջ չոքած համբուրելիս յուր հանդերձի քղանցքը, նա այս անգամ հեռու, շատ հեռու էր Ոլիմպոսից, սիրո անհուն երջանկության արտահայտության փոխարեն՝ նրա դեմքն այժմ ստացել էր խորին վշտի և կարեկցության արտահայտություն: Նա շտապով խոնարհվեց նրա վրա և, կամաց բռնելով նրա ուսերից, շշնջաց դողդոջուն ձայնով.

— Ստեփանո՛ս... Հարունյա՛ն, ի՞նչ եք անում, վեր կացեք...

Հարունյանը բարձրացրեց գլուխը, բայց վեր չկացավ: Նրա աղերսող հայացքը հանդիպեց իշխանուհու տխուր և կարեկցող հայացքին:

— Խղճո՞ւմ եք ինձ, կօգնե՞ք ինձ... — արտասանեց նա:

— Վեր կացեք, վեր կացեք,— կրկնեց իշխանուհին և դեմքը շուռ տվեց նրանից: Հարունյանը վեր կացավ:

Իշխանուհին բոլորովին շուռ եկավ, երևում էր, որ չէր ուզում ցույց տալ նրան յուր դեմքը: Հանկարծ նրա ուսերը թեթև կերպով ցնցվեցին: Կարճ միջոց լռություն տիրեց:

— Սպասեցեք ինձ. ես իսկույն գալիս եմ, — վերջապես ասաց նա հանդարտ, բայց մի տեսակ փոխված ձայնով և արագությամբ դուրս գնաց դեպի հարևան սենյակը:

Հարունյանը մնաց անշարժ՝ նրա ետևից նայելով: Մի տեսակ հոգեկան թեթևություն էր զգում նա, ինչպես մի մարդ, որ յուր վրա դրված բարոյական ծանր պարտականությունն արդեն կատարած, վերջացրած է լինում, բայց միևնույն ժամանակ նրա սրտին տիրել էր մի տեսակ դառնություն, մի տեսակ վիշտ, որպիսին զգում է մարդ, երբ տեսնում է, որ արդեն հավիտյան կորցրել է յուր սրտին մոտ մի անգին բան:

Անցավ երկար, Հարունյանի համար շատ երկար ժամանակ: Միևնույն տեղը կանգնած՝ նա շարունակ նայում էր այն դռանը, որտեղից դուրս գնաց իշխանուհին, նայում էր և սպասում, սպասում էր և մտածում. — ինչու համար արդյոք դուրս գնաց նա...

Վերջապես դուռը բացվեց, և իշխանուհին ներս մտավ: Այս անգամ ուսերի վրա նա գցած ուներ նուրբ գործվածքի մետաքսյա կապույտ փոքրիկ շալ, որ բոլորովին ծածկում էր նրա կուրծքը, իսկ մազերը պնդացրած ուներ ետևում: Նրա դեմքն առաջվանից ավելի գունատ էր, իսկ աչքերը կարմիր էին և թաց. իսկույն երևում էր, որ նա լաց էր եղել, և լաց էր եղել դառն կերպով: Հանդարտ քայլերով սենյակը մտնելով, նա մի տխուր, շատ տխուր հայացք ձգեց Հարունյանի վրա: Հարունյանի սիրտը ճմլվեց, այդ հայացքի մեջ նա կարդաց ինչ-որ տխուր, բայց խոր հանդիմանություն: Նա չկարողացավ տանել այդ հայացքն և իսկույն հանցավորի նման աչքերը վայր թողեց:

— Նստեցեք և խոսենք, պարոն Հարունյան, — հանդարտ և տխուր ձայնով ասաց իշխանուհին, անմիջապես նստելով բազկաթոռներից մինի մեջ:

Հարունյանն, առանց նրան նայելու մեքենայաբար նստեց, նրանից բավական հեռու աթոռի վրա:

Երկար ժամանակ սենյակի մեջ կատարյալ լռություն տիրեց: Երևում էր, որ այդ լռությունն երկուսի համար էլ ծանր էր: Հարունյանը՝ ձեռքերը ծնկների վրա դրած և աչքերը խոնարհեցրած՝ շարունակ նայում էր ներքև: Իսկ իշխանուհին նույն տխուր հայացքով անթարթ նայում էր նրա դեմքին:

— Ի՞նչ եք կամենում ինձնից, որ ես կատարեմ, պարոն Հարունյան, — վերջապես առաջինը խոսեց իշխանուհին: — Ինչ որ էլ կամենալիս լինեք ինձնից, հավատացած եղեք, որ ես կկատարեմ... որ ես կաշխատեմ կատարելու... Ասացեք:

Հարունյանը շարժվեց նստած տեղում. շրթունքները բաց ու խուփ եղան, բայց ոչ մի բառ դուրս չեկավ նրա բերանից: Նա մնաց յուր առաջվա դրության մեջ:

— Ասացեք, պարոն Հարունյան, — կրկնեց իշխանուհին:

Հարունյանը դարձյալ շարժվեց, շրթունքները դարձյալ բաց ու խուփ եղան:

— Ծա՜նր է, իշխանուհի, շա՜տ ծանր է... — վերջապես կարողացավ նա արտասանել: — Ես այդ չեմ կարող ասել...

Իշխանուհու տխուր աչքերը չէին հեռանում նրա դեմքից:

— Ես ինքս կասեմ, պարոն Հարունյան, — կարճ լռությունից հետո խոսեց նա: — դուք կամենում եք, որ ես... հեռանամ ձեզանից և ընդմիշտ... կտրեմ իմ ձեզ հետ ունեցած բոլոր հարաբերությունները... Այնպես չէ՞:

Նա լռեց և սպասում էր, որ Հարունյանը կասե «այո», բայց Հարունյանը մնաց լուռ:

— Այդպես չէ՞, — կրկնեց իշխանուհին:

— Ա՜խ, մի՛ տանջեք ինձ այսպես, — աղերսագին ձայնով կանչեց Հարունյանը:

Իշխանուհին խոր հոգոց հանեց, գեղեցիկ աչքերը ծանր վշտով գրեթե բոլորովին խփեց և գլուխը կախեց կուրծքի վրա:

Սենյակում երկար ժամանակ դարձյալ լռություն տիրեց:

— Դուք խելոք մարդ եք, պարոն Հարունյան, դուք ազնիվ մարդ եք, պարոն Հարունյան, — վերջապես խոսեց իշխանուհին ցած ձայնով և առանց փոխելու յուր դրությունը: — Ես այդ նոր եմ հասկանում և նոր եմ գնահատում ձեզ... Դուք շատ իրավացի եք. այսպիսի հանգամանքներում մենք չենք կարող միմյանց սիրել... մենք չպետք է միմյանց-սիրենք: Որքա՜ն սիրելի, որքա՜ն սքանչելի բան է անձնազոհությունն ընկերի երջանկության հզմար... Այդ դա էլ նոր եմ ըմբռնում, այդ ես էլ նոր եմ գնահատում, որովհետև…

Նա գլուխը բարձրացրեց և նայեց Հարանյանի դեմքին:

— Ա՜խ, եթե դուք գիտենաք, թե այս րոպեիս ի՛նչ է կատարվում իմ մեջ, ի՛նչ զարմանալի փոփոխությիւն, — շարունակեց նա: — Կարծես թե նոր մարդ եմ դառնում, բոլորովին նոր մարդ՝ նոր հոգով, նոր, զգացմունքներով, նոր ցանկություններով, որոնց նմանն առաջ բնավ չկար իմ մեջ... Եվ այդ բոլորն այսքան կարճ միջոցում...

Նա լռեց և գլուխը դարձյալ կախեց կուրծքի վրա…

— Այժմ ես մտածում եմ՝ ի՛նչ էի առաջ և ի՛նչ եմ այժմ նորից շարունակեց նա կարճ լռությունից հետո: — Որքա՛ն դատապարտելի է թվում ինձ այժմ իմ անցյալը, կես ժամ, մի ժամ առաջվա իմ անցյալը... Այն կյանքը, այն շրջանը, որի մեջ ես ապրում էի, որի հետ մանուկ հասակիցս ես հոգով և մարմնով կապված էի, այժմ ինձ այնքա՛ն դատարկ, այնքա՛ն չնչին, այնքա՛ն ատելի է թվում... Ես այժմ զգում եմ, որ մինչև այժմ ո՛չ մի գեղեցիկ, ո՛չ մի բարոյական զգացմունք չէ վառվել իմ մեջ, մինչև այժմ ո՛չ մի բարձր, ո՛չ մի վեհ գաղափար չէ ոգևորել ինձ... Ես ապրել եմ առանց մտածելու, ես ապրել եմ առանց զգալու... հոգեկան սրբազան աշխարհը ծածկված է եղել ինձ համար թանձր վարագույրով... սիրտս, հոգիս և այն ամենն, ինչ որ մարդկային բարձր արժանավորություն է, մեռած է եղել իմ մեջ... Ինչացո՞ւ, ո՞վ կամ ի՞նչ եմ ես — այդ հարցերս ինձ համար գոյություն չեն ունեցել... Ա՛խ, ի՛նչպես անփույթ, անխնամ են թողել իմ հոգու մշակությունը, ի՛նչպես վատ են դաստիարակել ինձ...

Նա դարձյալ լռեց և՝ գլուխը կախ՝ երկար ժամանակ, կարծես խոր մտածության մեջ ընկավ: Իրավ որ այդ կարճ միջոցում նա զարմանալի փոփոխություն էր ստացել: — Նայելով նրա ձայնի ծանր եղանակին, խոսակցության միակերպ դանդաղությանն և գունատ դեմքի տխուր ու հանդարտ արտահայտությանը, հազիվ կարելի էր ճանաչել, որ դա առաջվա քաղցրաձայն, արագախոս, շարժուն և ամբողջապես զվարթ կյանք ներշնչող իշխանուհին էր Հարունյանն այս անգամ նայում էր նրան, և, իհարկե, սաստ՜իկ զարմանում էր: Մի՞թե այդ փոփոխության, պատճառն ինքն էր, մի՞թե յուր խոսքերն այդ աստիճան կարողացան ազդել նրա վրա…

Իշխանուհին կամաց գլուխը բարձրացրեց և նայեց Հարունյանին մի տեսակ ջերմ հայացքով, որով նայում են միայն կանայք:

— Նստեցեք ավելի մոտ, Հարունյան, — ասաց նա: — Ահա այստեղ: — Նա ցույց տվեց իրեն մոտիկ տեղը:

Հարունյանն աթոռը տարավ և նստեց ցույց տված տեղը: Այժմ նրանք այնքան մոտ էին նստած միմյանցից, որ, առանց առաջ գնալու, կարող էին ձեռք տալ միմյանց:

Իշխանուհին կրկին անգամ նայեց նրան յուր առաջվա ջերմ հայացքով և խոր հոգոց հանեց:

— Այո՛, մենք պետք է… բաժանվենք միմյանցից, պարոն Հարունյան, — ասաց, նա դողդոջուն ձայնով: — Թեպետ այդ դժվար է, շատ դժվար է — գոնե ինձ համար — բայց ի՛նչ էլ որ լինի, մենք դարձյալ պետք է…

Նա չկարողացավ վերջացնել ձայնը բոլորովին դողաց, կարծես, կտրվեց, իսկ աչքերը լցվեցան արտասուքով: Նա թեքվեց դեպի Հարունյանը, ձեռքերը դրեց նրա ձեռքերի վրա և, խորին վշտով նայելով նրա աչքերի մեջ, կանչեց աղեկտուր ձայնով:

— Ո՛չ, ես չե՛մ կարող, Հարունյա՛ն… Ստեփանո՛ս… չե՛մ կարող… երկինքը վկա, չե՛մ կարող… այդքան ուժ, այդքան հերոսություն չկա իմ մեջ… ես կին եմ, Հարունյան… Ստեփանո՛ս… ես կին եմ, մի թույլ արարած… մի՞թե մի թույլ կնոջից կարելի է այդ պահանջել… Պահանջեցե՛ք ինձնից ամեն բան… մորթեցե՛ք ինձ, սպանեցե՛ք ինձ, բայց բաժանվե՛լ ձեզնից… եթե դուք գիտենաք, թե ի՛նչպես ես սիրում եմ ձեզ… եթե գիտենաք, թե այս րոպեիս դուք ի՛նչ եք ինձ համար… իմ ողջ կյանքիս մեջ առաջին անգամն է, որ ես սիրում եմ մի տղամարդի՝ ճշմարիտ սիրով, ինչպես կարող է սիրել կինը... իմ տեսած բոլոր տղամարդիկների մեջ դուք առաջինն եք, որին ես նվիրել եմ իմ ամբողջ գոյությունս — և դուք այժմ պահանջում եք ինձանից, որ ես բաժանվե՛մ ձեզանից... Բաժանվե՛լ... մտածե՞լ եք արդյոք, թե ինչ է նշանակում այդ խոսքը... բաժանվե՛լ... Ստեփանո՛ս, Ստեփանո՛ս, մի՛ պահանջեք ինձնից այն, ինչ որ ես չեմ կարող անել, ինչ որ իմ կամքիցս չէ կախված... Գո՛ւթ, գո՛ւթ ունեցեք...

Նա դեմքը ծածկեց ձեռքերով և, խոնարհվելով յուր ծնկների վրա, դառնագին հեկեկաց:

Հարությանը բոլորովին կոտրվել էր: Իշխանուհու արտասանած յուրաքանչյուր խոսքը սուր դաշույնի նման, կարծես, մաս-մաս էր անում նրա սիրտը: Այդ ժամանակ իշխանուհին յուր վշտալից, աղերսող հայացքով, յուր աղեկտուր ձայնով և, վերջապես, յուր դառնագին հեկեկանքով՝ այնքա՛ն գեղեցիկ, այնքա՛ն անմեղ, այնքա՛ն սիրելի էր թվում նրան, որ նա պատրաստ էր իսկույն նեթ ընկնելու նրա առաջ և ասելու — ո՛չ, մենք երբե՛ք չենք բաժանվիլ միմյանցից, ես հավիտյան քոնն եմ և, բացի քեզանից, աշխարհիս մեջ ինձ համար այլևս ոչ ոք գոյություն չունի, բայց նա այդ չարեց, կարողացավ իրեն զսպել, հասկանալով, որ այդ խոսքերից մինչև այդ րոպեն յուր գործ դրած բոլոր ջանքերը կարող էին բոլորովին ապարդյուն անցնել: Նա միայն փոքր-ինչ թեքվեց դեպի իշխանուհին, կամաց առավ նրա մի ձեռքը նրա դեմքի վրայից և, ջերմագին սեղմելով այն յուր կուրծքին, ասաց դողդոջուն ձայնով.

— Սո՛ֆիա, անգի՛ն Սոֆիա, մի՞թե դուք իմ թշվառությունս եք կամենում...

— Մի՞թե դուք ինձ հետ թշվառ կլինեիք, — հարցրեց իշխանուհին, մի ձեռքը դարձյալ սեղմած ունենալով յուր դեմքին և շարունակելով հեկեկալ:

— Ո՛չ, երջանիկ կլինեի, Սոֆիա, բայց հենց այդ երջանկության մեջ կլիներ իմ թշվառությունը... Փոքր-ինչ առաջ ծնկաչոք ես ի՞նչ էի ասում ձեզ, ի՞նչ էի աղերսում ձեզնից... Ես պատրաստ եմ իմ կյանքս զոհելու ձեզ համար, և ամենայն հոժարությամբ կզոհեմ, բայց այդ կյանքն իմը չէ, Սոֆիա, իմը չէ. այդ կյանքի հետ ամենասերտ կապերով կապված է երկու անմեղ արարածների երջանկությունը... և մի՞թե դուք թույլ կտայիք, որ իմ կյանքիս հետ ես զոհեի ձեզ համար և այդ երկու անմեղ արարածների երջանկությունը... Ո՛չ, Սոֆիա, ո՛չ, այդպիսի սոսկալի հանցանք, այդպիսի ծանր, աններելի մեղք դուք չեք պահանջել ինձնից... խո՛ դուք ինքներդ էիք ասում, որ սիրելի, սքանչելի բան է անձնազոհությունն ուրիշի երջանկության համար, ուրեմն, ինչո՞ւ չեք ուզում, որ այդ անձնազոհությունը կատարենք մենք... Օ՛, Սո՛ֆիա, Սո՛ֆիա, եթե դուք գիտենաք, թե որքա՛ն երջանիկ կլինենք մենք մեր այդ անձնազոհությամբը... խղճի խայթն անծանոթ կլինի մեզ, հպարտ կերպով կշրջենք աշխարհիս վրա, համարձակ կերպով կնայենք մարդկանց երեսին, մեր հոգին կցնծա սրբազան ոգևորությամբ, կաղոթենք անարատ սրտով, քաղցր հիշատակությամբ կօրհնենք մեր հանդիպումն, կօրհնենք մեր սերը, կօրհնենք և մեր հրաժեշտը... Օ՛հ, կատարենք այդ անձնազոհությունը, Սոֆիա, կատարենք...

Նա լռեց և, շարունակելով իշխանուհու ձեռքը սեղմել յուր կրծքին, աղերսող հայացքով նայում էր նրան և սպասում՝ թե նա ի՛նչ կպատասխանեք: Իշխանուհին լուռ էր: Նա դադարել էր հեկեկալուց և, ձեռքն արդեն հեռացրած ունենալով դեմքից, խոնարհած գլխով նայում էր ցած: Նրա ականջներում կամ տակավին հնչում էին Հարունյանի խոսքերը, կամ նա ինչ-որ խոր մտածության մեջ էր ընկել:

Այդ լուռ տեսարանը տևեց երկար ժամանակ: Հանկարծ իշխանուհին գլուխը բարձրացրեց, ինչ-որ անորոշ հայացքով նայեց Հարունյանին և շտապով վեր կացավ տեղից: Նրա ձեռքը մնաց սեղմած Հարունյանի կուրծքի վրա:

— Այժմ ինձանից ոչինչ մի պահանջեք, Հարունյան, — արագախոսությամբ ասաց նա: — Ինձ մենակ թողեք… Մի ուրիշ ժամանակ ես... մենք կխոսենք դարձյալ...

Հարունյանը վեր կացավ և նրա ձեռքն այս անգամ սեղմեց յուր շրթունքներին:

— Ցտեսություն, — դողդոջուն ձայնով արտասանեց նա միայն և, թողնելով նրա ձեռքը, մի քանի քայլ դրեց դեպի դուռը, բայց հանկարծ, կարծես ակամայից, կանգներ և ետ նայեց:

— Ստեփանո՛ս... — նույն րոպեին կցկտուր ձայնով կանչեց իշխանուհին և, վազելով դեպի նա, բուռն զգացմունքով փարվեց նրա վզովը:

Նրանց շրթունքները միացան...

ԺՁ

ԻՇԽԱՆՈՒՀԻՆ ՈՒՐԻՇ ԱՇԽԱՐՀՈՒՄ

Իշխանուհին մնաց մենակ: Հանդարտ քայլերով, կարծես ուժասպառ, նա մոտեցավ լուսամուտին և մնաց այդտեղ արձանացած: Այդ րոպեին հեռանում էր Հարունյանը: Նա ծովեց մի ուրիշ փողոց և անհետացավ: Բայց իշխանուհին, հին դեռ երկար, շատ երկար, ժամանակ անշարժ մնաց լուսամուտի մոտ, և նրա անթարթ աչքերը սևեռած մնացին այն տեղին, որտեղ ծածկվեց Հարունյանը: Միրո անսպասելի ելքը շատ խիստ ազդեցություն էր ունեցել նրա վրա: Նա. ոչինչ որոշակի չէր կարողանում մտածել, միտքը, կարծես, խճճվել, կաշկանդվել էր: Միայն սրտի վրա նա զգում էր ինչ-որ քաղցր, թեթև բան և մի տեսակ ծանր, վհատեցուցիչ դառնություն, այդ երկու հակառակ զգացմունքները պարբերաբար անընդհատ գործում էին նրա մեջ: Նա աչքերը հեռացրեց այն տեղից, որտեղ ծածկվեց Հարունյանը, ուսի վրայից կամաց նայեց սենյակի մեջ, հետո յուր հայացքը դարձրեց դարձյալ դեպի դուրսը, նայեց երկնքին, նայեց և տան առաջ գտնված պարտեզին: Արևը մայր էր մտնում: Վերջալույսը ներքևում ամեն ինչ ներկել էր շառագունով: Դալարագեղ պարտեզը ժպտում էր: Յուր մեջ գործող երկու հակառակ զգացմունքների ազդեցության տակ՝ իշխանուհուն մերթ թվում էր, թե յուր ողջ կյանքի մեջ դեռ մի այդպիսի սքանչելի երեկո, սքանչելի եղանակ չէ տեսել, և մերթ թվում էր, թե այդ սքանչելի երեկոն, այդ սքանչելի եղանակն ու յուր շուրջն ամեն ինչ պատած է սև, տխուր, մռայլ քողով:

Նա կամաց նստեց այնտեղ դրված բազկաթոռի մեջ և, գլուխը հենելով ձեռքի վրա, անթարթ աչքով սկսեց նայել այն աթոռին, որի վրա փոքր-ինչ առաջ նրա հանդեպ նստած էր Հարունյանը: Նրա ուղեղը փոքր առ փոքր սկսում էր դուրս գալ խճճումից, կաշկանդումից, նա կարողանում էր որոշակի մտածել: Նա երևակայում էր, թե ի՛նչպես Հարունյանը չոքած էր յուր առաջ և գլուխը հատակի վրա խոնարհած, համբուրում էր յուր հանդերձի քղանցքը, երևակայում էր, թե ի՛նչպիսի սիրավառ, տխուր և աղերսող հայացքով նա նայում էր իրեն, երևակայում էր, թե ի՛նչպես հանցավորի նման գլուխը խոնարհած՝ նա նստած էր յուր հանդեպ աթոռի վրա. մի խոսքով, — երևակայում էր իրենց տեսակցությունը սկզբից մինչև վերջն բոլոր մանրամասնություններով: Բայց նա չէր երևակայում և չէր էլ կարողանում երևակայել բաժանման րոպեն — գրկախառնությունն և համբույրը, նա միայն զգում էր այդ: Ասում էր, թե ի՛նչպես յուր ձեռքերը բոլոր ուժով փաթաթված էին Հարունյանի վզովը, յուր կուրծքը բաբախում էր նրա կուրծքի վրա, շնչառությունը խառնվում էր նրա շնչառության հետ, և շրթունքները ցնցվում, վառվում, հալվում էին նրա շրթունքների վրա:

«Կյա՛նք, կյա՛նք, այդպիսի քաղցր րոպե դու դեռ ինձ չես պարգևեր», քաղցր հափշտակությամբ շշնջաց նա աչքերը փակելով և, ձեռքերը դնելով բազկաթոռի թիկունքի վրա, դեմքը թաղեց կոների մեջ:

Հափշտակությունն այնքա՛ն խոր էր, զգացողությունն այնքա՛ն քաղցր, այնքա՛ն դուրալի, որ նա ուզում էր հավիտյան այդ գրության մեջ մնալ և ուրիշ ոչինչ չանել, ուրիշ ոչ մի բանի մասին չմտածել:

— Տիրուհի՛, — հանկարծ լսեց նա յուր մոտ ինչ-որ ձայն:

Նա արագությամբ բարձրացրեց գլուխը և քաղցր երազից սթափվողի նման՝ նայեց: Նրա առաջ անհամարձակ կերպով կանգնած էր աղախինը:

— Ի՞նչ է, — հարցրեց նա:

— Պարոն Պետրովն եկել է, — ասաց աղախինը:

Պետրովի անունը դեռ ոչ մի ժամանակ այնքան ատելի, այնքան զզվելի չէր թվացել իշխանուհուն, որքան այդ րոպեին:

— Գնա՛ ասա՝ տանը չէ, — հրամայեց նա աղախնուն: — Ասա՛ հիվանդ է, կարող չէ ընդունել... Գնա՛, վռնդի՛ր այստեղից... գնա՛, գնա՛... Աչքերս այլևս չտեսնեն նրան... Գնա՛...

Աղախինը դուրս գնաց:

Իշխանուհին ձեռքերը նորից բազկաթոռի թիկունքի վրա դրեց, նորից դեմքը թաղեց կոների մեջ և աշխատեց ընկնել առաջվա քաղցր հափշտակության մեջ. բայց իզո՛ւր — աղախնի հայտնվելն և Պետրովի անունը նրա հոգեկան լարված տրամադրությունը սաստիկ խանգարել էին: Այդպես են լինում նրանք, որոնք մի որևիցե քաղցր երազից հանկարծ արթնանալով, նորից աչքերը փակում են իսկույն, աշխատում են նորից քնել և նորից նույն երազը տեսներ:

Քաղցր հափշտակությունը տեղի տվավ զանազան մտածմունքներին: Այդ մտածմունքները ծանր էին: Նա աշխատում էր դրանց հեռացնել, հալածել, բայց դրանք, կարծես, անկախ նրա կամքից, հետզհետե կուտակվում էին նրա գլխում և ճնշում էին նրա ուղեղը, նրա սիրտը: Այդ մտածմունքները Հարունյանի այցելության նպատակի մասին էին: — Արդյոք նա պե՞տք է բաժանվի Հարունյանից, թե ոչ: Նոր զգացմունքները, որ Հարունյանի շնորհիվ ծնվել էին նրա մեջ, պատասխանում էին՝ պե՛տք է բաժանվի, իսկ սերը մնում էր լուռ: Բայց կարո՞ղ է արդյոք բաժանվել:

Սերը, որ ավելի հին էր և խոր արմատներ ուներ բռնած նրա սրտի մեջ, պատասխանում էր՝ չէ՛ կարող, իսկ նրա զգացմունքները մնում էին լուռ:

«Ի՞նչպես, ի՞նչպես բաժանվեմ ես նրանից, — խորին վշտով մրմնջում էր նա: — Ինձ շրջապատող դատարկ, անտանելի Պետրովների մեջ հազիվհազ գտել եմ մեկը — մտքով, սրտով և հոգով հարուստ մի մարդ, որին սիրել եմ, որին պաշտում եմ հոգուս բոլոր ուժերով և այն էլ պե՛տք է բաժանվեմ նրանից... ինչո՞ւ... ինչո՞վ եմ ես մեղավոր, որ բարոյականության խստապահանջ օրենքներն ուզում են ինձ հալածել, մատնել կարեվեր տանջանքներին... Եվ բաժանվելով նրանից, ո՞ւր պետք է գնամ ես արդյոք, ո՞ւր, որտեղ շուրջս սպանիչ մեռելություն, սպանիչ դատարկություն չզգամ... թո՛ղ ինչքան ուզում է փայլե արևը, թո՛ղ հրաշալի բնության սքանչելիքը կյանք և կենդանություն տարածե, և միլիոնավոր մարդիկ թո՛ղ զվարճանան շուրջս, երկրպագեն իմ առաջ — մի՞թե այդ բոլորը կարող է փոխարինել գեթ այն մի րոպեին, մի վայրկյանին, երբ ես նրա մոտ կլինեի, երբ ես կզգայի նրա ներկայությունը... Ա՜խ, ա՜խ, որքա՜ն անողոք է եղել ճակատագիրս... Հավիտյան մենակ, հավիտյան անտեր...»:

Դառն արտասուքը խփեց նրա կոկորդին, նա դեմքն ամուր սեղմեց կոների մեջ և, երկար, շատ երկար ժամանակ մնաց այդպես:

Երբ նա գլուխը բարձրացրեց, արդեն սկսում էր մթնել: Վշտալից և թաց հայացքով լուսամուտից դուրս նայեց, վերջալույսն երկնքի վրա արդեն հանգել էր, պարզած երկինքն ստանում էր թանձր կապույտ գույն, հեռու՝ արևելյան հորիզոնի վրա շատ աղոտ կերպով սկսում էին առկայծել փոքրիկ աստղերը: Նա յուր հայացքը դարձրեց սենյակի մեջ, սենյակում տիրում էր կիսախավար:

Նույն րոպեին սենյակի դուռը բացվեց, ներս մտավ աղախինն և վառեց սեղանի վրա դրված լամպարը: Սենյակը լուսավորվեց, բայց այդ լույսը շատ անախորժ թվեցավ իշխանուհուն: Յուր վշտաբեկ սրտի համար նա խավար էր ուզում, խավարը նրան, կարծես, սփոփանք էր տալիս: Լամպարը վառելուց հետո աղախինն ուզում էր դուրս գնալ:

— Մա՛րիա, — կամաց արտասանեց նրա ետևից իշխանուհին:

Աղախինը կանգնեց և շուռ եկավ դեպի նա:

— Ի՞նչ եք հրամայում, տիրուհի, — հարցրեց նա:

— Լամպարը հանգցրու... ո՛չ, ցածրացրու լույսը:

Աղախինը, որ արդեն սովորել էր յուր տիրուհու վերջին ժամանակների օտարոտի վարմունքներին և հրամաններին, մոտեցավ սեղանին և քիչ ցածրացրեց լամպարի լույսը:

— Էլի՛ ցածրացրու, — հրամայեց իշխանուհին:

Աղախինը քիչ էլ ցածրացրեց:

— Է՛լի:

Աղախինը դարձյալ ցածրացրեց:

Սենյակը այժմ լուսավորվում էր շատ աղոտ կերպով:

— Բավական է, — ասաց իշխանուհին: Աղախինը ուզում էր դուրս գնալ:

— Մա՛րիա, — առաջվա նման դարձյալ արտասանեց նրա հետևից իշխանուհին:

Աղախինը դարձյալ կանգնեց և շուռ եկավ դեպի նա:

— Ի՞նչ եք հրամայում, տիրուհի, — հարցրեց նա:

— Արի՛ ինձ մոտ:

Աղախինը առաջ գնաց դեպի նա:

— Բազկաթոռը մոտեցրու ահա այստեղ՝ կողքիս և նստիր:

Աղախինը այդ էլ կատարեց:

— Տուր ինձ ձեռքդ:

Աղախինը տվավ նրան յուր ձեռքը:

Իշխանուհին, նրա ձեռքն յուր ձեռքի մեջ պահելով, կամաց ետ ընկավ բազկաթոռի մեջքի վրա և աչքերը խփեց:

Երկար, շատ երկար ժամանակ նա նստած էր այդպես անշարժ: Լամպարի ցած թողած լույսն ընկնում էր ուղղակի նրա տանջված, գունատ դեմքի վրա, որին և տալիս էր մի տեսակ ֆոսֆորային, բայց փոքր-ինչ մռայլ փայլ: Մարիան զարմացած և անթարթ նայում էր նրա դեմքին, կարծում էր, թե նա քնեց:

— Մա՛րիա, — կամաց, գրեթե շշնջալով վերջապես խոսեց իշխանուհին՝ առանց տեղից շարժվելու և առանց աչքերը բանալու, — ասա՛ ինձ, մարդ որ մեռնում է, ո՞ւր է գնում...

Այդ անսպասելի շշնջյունից Մարիան ցնցվեց, նա կարծեց, թե յուր տիրուհին երազի մեջ է խոսում, և այդ պատճառով չպատասխանեց:

— Մա՛րիա, ասա՛, ինչո՞ւ ես լռում, — դարձյալ խոսեց իշխանուհին՝ այս անգամ աչքերը բանալով, — մարդ որ մեռնում է, ո՞ւր է գնում:

— Երկինքը, տիրուհի, — մեքենայաբար պատասխանեց Մարիան:

— Երկի՛նքը, — կրկնեց իշխանուհին մի տեսակ հանդարտ հոգեզմայլությամբ, որի ժամանակ նրա դեմքը պայծառացավ: — Այսինքն այնտեղ — կապույտ ամպերից վերև, շատ վերև... Մա՛րիա, ասում են, որ այնտեղ ապրում է նա, որ ամենից շատ է տանջվել… և ասում են, որ նա ամեն մի թշվառի, ամեն մի տանջվողի սիրով ընդունում է յուր գրկի մեջ, ուր այնքա՛ն քաղցր է, այնքա՛ն խաղաղ…

Նա լռեց և մի տեսակ ժպտող, պայծառ, հոգեզմայլ հայացքով լուսամուտից սկսեց նայել դեպի դուրս՝ կապույտ, աստ եղա սփյուռ երկնքին:

— Մա՛րիա, — կրկին խոսեց նա, — ես ցանկանում եմ գնալ այնտեղ... այնպե՛ս ցանկանում եմ... Ինչու մարդիկ թևեր չունեն, որ երբ կամենան, թռչեն այնտեղ, թռչե՛ն...

Նա դարձյալ լռեց: Մարիան, նրա կողքին նստած՝ զարմացած նայում էր նրա դեմքին:

Իշխանուհին դեռ մի րոպե մնաց լուռ և անշարժ, հետո հանկարծ ամբողջ մարմնով ցնցվեց և նստեց ուղիղ: Հոգեզմայլությունը մի ակնթարթում անհետացավ նրա գունատ դեմքից, որ ստացավ մի տեսակ վշտաբեկ, թախծալից արտահայտություն: Նա դարձավ դեպի Մարիան և, ձեռքը կուրծքի վրա սեղմելով, ասաց խեղդված ձայնով.

— Մա՜րիա, ի՜նչպես ծա՜նր է այստեղ, ի՜նչպես ծա՜նր է...

Նրա ձայնը բոլորովին խեղդվեց, աչքերում ցոլացին արտասուքի խոշոր կաթիլներ և, երկու ձեռքով ամուր փաթաթվելով նրա վզովը, նա դեմքը ծածկեց նրա կուրծքի մեջ:

— Մա՜րիա, Մա՜րիա, — կանչեց նա դառնագին հեկեկալով, — սփոփի՛ր ինձ... թեթևացրո՛ւ սիրտս...

Այն աստիճան աղեկտուր էր նրա ձայնը, որով նա արտասանեց այդ բառերը, որ աղախնի աչքերում նույնպես արտասուքի կաթիլներ ցոլացին:

— Մա՜րիա, ասա՛, ի՞նչ պիտի անեմ ես այժմ... Ոչինչ հույս չկա՞, Մարիա, ոչի՞նչ հույս... Ա՜խ, եթե միայն այժմ իմ ամուսինս, իմ անգին ամուսինս կենդանի լիներ...եթե միայն ես ունենայի զավակ, մի հատիկ զավակ...

Նա գլուխը բարձրացրեց և արտասվաթոր աչքերով նայեց Մարիայի դեմքին:

— Մա՜րիա, — ասաց նա, — ի՜նչպես լավն ես դու... Ո՜րքան թանկագին ես դու այժմ ինձ համար... Ի՜նչպես ես քեզ սիրում եմ և ի՜նչպես պիտի սիրեմ քեզ այսուհետև... Սիրի՛ր դու ևս ինձ, Մարիա, սիրի՛ր, սիրի՛ր... ես թշվառ եմ, օ՜, շատ թշվառ...

Նա դեմքը դարձյալ ծածկեց նրա կրծքի մեջ և այս անգամ հեկեկում էր լուռ և ամենադառը կերպով: Այդ րոպեին նա նմանում էր մի անմեղ երեխայի, որ մոր գրկի մեջ լաց է լինում: Նրա ձեռքերն ամուր կերպով փաթաթված էին Մարիայի վզովն, և նա աշխատում էր, որքան կարելի է, դեմքն ավելի խոր թաքցնել նրա կրծքի մեջ, որով, կարծես, կամենում էր խլացնել յուր ծանր հեկեկանքը: Մարիան ինքն էլ չէր հասկանում, թե այդ ժամանակ ի՞նչ էր կատարվում յուր մեջ. նա միայն նույնպես լալիս էր:

Դեռ երկար ժամանակ իշխանուհին՝ կպած նրա կրծքին՝ հեկեկում էր: Ըստ երևույթին, նա չէր կամենում բաժանվել այդ կուրծքից, որի մեջ, կարծես, զգում էր յուր սրտին թեթևություն: Հետզհետե նրա հեկեկանքը նվազում էր, վերջ ի վերջո բոլորովին կտրվեցավ, և այժմ նրա սիրտն երբեմն թրթռում էր:

Վերջապես իշխանուհին գլուխը բարձրացրեց և արտասուքից ուռած աչքերով սկսեց նայել նրա աչքերին: Հետո գլուխը դրեց նրա ուսի վրա և, շարունակելով նայել նրա աչքերի մեջ, ասաց հանդարտ ձայնով:

— Մա՜րիա, դեմքդ մոտեցրու, ես կամենում եմ քեզ համբուրել:

Մարիան յուր գեղեցիկ այտը մոտեցրեց նրա գունատ շրթունքներին, և նա ամուր կերպով համբուրեց նրան։

— Մա՛րիա, այժմ դու համբուրիր ինձ. համբուրիր այնպես, ինչպես զավակը համբուրում է յուր մորը։

Մարիան այդ էլ կատարեց։

Փոքր-ինչ լռությունից հետո, իշխանուհին դարձյալ սկսեց խոսել, բայց այս անգամ բոլորովին հանդարտ։

— Մա՛րիա, ասաց նա` շարունակ նայելով նրա աչքերի մեջ, — դու այսուհետև իմ զավակն ես, իսկ ես` քո մայրը... Դու մի՛շտ այսուհետև իմ մոտս կաց, ինձ սիրիր, համբուրիր. ես էլ քեզ կսիրեմ, կհամբուրեմ... Մարիա, — հանկարծ հարցրեց նա, — դու որբ ես, չէ՞։

— Այո՛, տիրուհի, — պատասխանեց աղախինը։

— Ես էլ որբ եմ, Մարիա... ես էլ աշխարհիս մեջ մենակ եմ, բոլորովին մենակ... Ուրեմն եթե մենք այսուհետև միանանք, Մարիա, այլևս մենակ չենք լինիլ, այնպես չէ՞։ Դու իմ զավակս կլինես, իսկ ես` քո մայրը։ Երբ որ դու ինձ կասես «մայրիկ», ես կուրախանամ, երբ որ ես քեզ կասեմ «զավակս», դու կուրախանաս... և այսպես շատ լավ կլինի, Մարիա, այնպես չէ՞։

Մարիան գլուխը շարժեց։

— Հապա այժմ դու ինձ ասա «մայրիկ», այնպես, ինչպես զավակն ասում է յուր մորը։

— Մայրի՛կ, — ասաց Մարիան սրտից։

Իշխանուհու հանդարտ և գունատ դեմքի վրա մի երջանիկ ժպիտ փայլեց, ճիշտ այնպես, ինչպես մթին ամպերի միջից արևը հանկարծ դուրս է նայում։

— Զավա՛կս... — շշնջաց նա, ինչպես բուռն սիրով սիրող մի մայր յուր հարազատ որդուն: — Զավա՛կս... զավա՛կս... Մայր և զավակ... ուրիշ ի՞նչ կա ավելի քաղցր, ավելիկյանք տվող, քան այդ երկու բառերը... Զավա՛կս... օ՛, ո՞րտեղ էի ես մինչև այժմ, ի՞նչ էի անում, որ միայն այժմ եմ շնչում այս երկնային բառը... ես — թշվառականս, այս երջանկագույն բառը թողած ուրիշ երջանկության ետևից էի վազում... Զավա՛կս... զավակս... Օ՛, որպես լավ է այսպես... ես կցանկայի միշտ այսպես մնալ, միշտ, հավիտյանս...

Այդ միջոցին նա յուր դողդոջուն շրթունքներն անզգայաբար մոտեցրել էր նրա այտին և, երկար ժամանակ նրա վրա սեղմած ունենալով, նա շշնջում էր անդադար «զավակս» բառը։

122

Վերջապես նա թողեց Մարիային, ձեռքերը կցեց կրծքի վրա և գլուխը կախեց: Մի րոպե այդպես մնալուց հետո, առանց գլուխը բարձրացնելու, հարցրեց նա հանդարտ ձայնով.

Մա՛րիա, դու հիշո՞ւմ ես իմ ամուսնուս:

— Հիշում եմ, տիրուհի, — պատասխանեց աղախինը:

— Նա լավ երիտասարդ էր, Մարիա, շատ լավ երիտասարդ... նա գեղեցիկ էր... նա բարի էր... նա զառն էր, Մարիա... Ամենքը նրան սիրում էին... ամենքը նրան խղճում էին, իսկ ե՞ս...

Նա լռեց և գլուխը կախեց:

— Իսկ ե՞ս, — կրկնեց նա: — Ես նրան չխղճացի... ես թունավորեցի նրա մատաղ կյանքը... նա մեռավ... Այնքա՛ն հանգիստ, այնքա՛ն սիրուն էր նա այդ ժամանակ, Մա՛րիա... Նա կարծես քնած էր... նրան տարան գերեզմանատուն և հողի մեջ դրին... Այնուհետև մի անգամ միայն ես այցելեցի նրա գերեզմանին, նրա վրա կանաչ խոտ էր բուսել... Ես լաց չեղա այնտեղ, Մարիա... թաղելիս էլ իմ արցունքը կեղծ էր... Ես նրան չէի սիրում...

Նա խոսում էր, կարծես, ինքն յուր հետ, գրեթե շշնջալով, և նրա գեղեցիկ աչքերից արտասուքի խոշոր, գոհարանման կաթիլները հանդարտ կերպով գլորվում էին նրա գունատ այտերի վրայով:

— Եթե միայն ես այժմ նրա գերեզմանի մոտ լինիմ...

Նա դարձյալ լռեց և երկար ժամանակ մնաց այդպես անշարժ: Արտասուքը դադարեց հոսելուց, և նա այժմ, կարծես, մի բան, մի խոր բան մտածում էր: Հանկարծ նա գլուխը բարձրացրեց և նայեց Մարիային:

— Մա՛րիա, — ասաց նա, — մենք պիտի գնանք Պետերբուրգ:

— Ե՞րբ, տիրուհի:

— Ե՞րբ... շուտով… մի քանի օրից հետո: Իսկ այժմ ինձ մենակ թող:

Աղախինը վեր կացավ և դուրս գնաց:

Իշխանուհին առաջվա նման ձեռքերը դրեց բազկաթոռի թիկունքի վրա, դեմքը դարձյալ թաղեց կռների մեջ, և խոր մտածմունքները պաշարեցին նրան:

Նրա մտածմունքները այս անգամ բոլորովին ուրիշ տեսակ էին:

Նա լուսացրեց բազկաթոռի մեջ:

ԺԷ

ԱՆՏԱՌԻ ԾԱՌԵՐԻ ՏԱԿ

Հարունյանն իշխանուհու դաստակերտից հեռացավ շփոթված և հուզված, նրա սիրտը ճնշված էր անպատմելի ծանրության տակ: Այդ օրվա տեսակցությունը, խո՛սակցությունն և մանավանդ իշխանուհու գրկախառնությունն ու համբույրը նրա մեջ ամեն ինչ տակնուվրա էին արել... նրա միտքը, սիրտն և հոգին մնացել էին իշխանուհու մոտ: Նա բոլորովին չզգաց և չհասկացավ, թե ինչպես հասավ տուն: Դռան մեջ նրան դիմավորեց կինը:

— Եկա՞ր, սիրելիս, սպասում էի քեզ անհամբեր... Այժմ ի՞նչպես ես, — հարցրեց նա յուր փաղաքշական ձայնով:

Կնոջ հանդիպելն առաջին նվաղ Հարունյանի մեջ ատելության նման ինչ-որ խորշեցնող զգացմունք ծնեցրեց դեպի նա: Եվ այդ առաջին անգամն էր, ինչ ապօրինի սերը ներս էր սողացել նրա սիրտը: Այդ նորածին զգացմունքն առաջին րոպեին, կատարելապես տիրապետելով նրա մյուս բոլոր զգացմունքներին, այն աստիճան զորեղ կամայականությամբ գործեց նրա մեջ, որ մինչև անգամ կնոջ հարցին նա չպատասխանեց և, առանց նրան նայելու, ներս մտավ սենյակը:

Կինը հետևեց նրան:

— Ստեփանո՛ս, նայիր ինձ, — անհանգստությամբ ասաց նա, կտրելով ամուսնու առաջը: — Ի՞նչ է պատահել... դու բոլորովին գունատ ես...

— Ի՞նչ պետք է պատահի, — գրեթե կոպտաբար պատասխանեց ամուսինը և, ցիլինդրը դնելով սեղանի վրա, նստեց մեծ բազկաթոռի մեջ:

— Դու գունատ ես, Ստեփանո՛ս, դու գունատ ես, — կրկնեց կինն առաջվանից ավելի անհանգստությամբ: — Գնալիս դու այդպես չէիր...

— Հապա ի՞նչպես էի...

— Ավելի հանգիստ էիր... գույնդ այդպես նետած չէր...

Ամուսինը լուռ նայեց կնոջ աչքերին, հետո յուր հայացքը դարձրեց դեպի դուրս:

— Գլուխս ցավում է, Նունե, — հանգիստ ձայնով պատասխանեց նա:

— Միա՞յն:

— Այո...

Կինն ակամայից հիշեց իշխանո՛ւհու գլխացավը և ինքն էլ չհասկացավ, թե ինչո՛ւ մի ուրիշ տեսակ հայացքով լուռ նայեց ամուսնու աչքերին:

— Շա՞տ է նեղացնում, — հարցրեց նա:

— Է՛հ, հիմար բան է, — պատասխանեց ամուսինը: — Արժե՞ սրա վրա ուշադրություն դարձնել... իսկույն կանցնի... Միայն դու լավ կանես, եթե ինձ առժամանակ հանգիստ թողնես...

Կինը կրկին անգամ նայեց նրա աչքերին առաջվա հայացքով: Ուրիշ անգամ գուցե նա հանգիստ չտար նրան յուր զանազան հարցերով՝ թե ինչո՛ւ է ցավում նրա գլուխը, կուզե՞ բժիշկ կանչեն և այլն — Բայց այս անգամ, կարծես, ինչ-որ անհայտ զորությունից կաշկանդվեց նրա լեզուն: Նա ոչինչ չասաց և ակամա մտախոհությամբ դուրս գնաց:

Հարությանն անմիտ հայացքով մեքենայաբար նայեց նրա ետևից և մնաց անշարժ նստած տեղում: Նա, կարծես, ոչ մտածում էր, ոչ զգում: Նրա ամբողջ գոյությունը կլանել էր միայն մի զգացմունք — սերը, որ դեռ երբեք այդ ուժով չէր գործել նրա մեջ, ինչպես այդ ժամանակ: Կինը նրան անտանելի էր թվում, տունը՝ օտար, շրջապատող օդը՝ խեղդիչ, նրա բոլոր ուշքն ու միտքն իշխանուհին էր... Մինչև անգամ նա կարծում էր, թե նոր է սկսում սիրել:

Չանցավ երեք րոպե, դուռը կամաց բացվեց, տիկին Հարությանը կրկին ներս մտավ: Նրա դեմքը սաստիկ անհանգստություն էր արտահայտում: Նա արագությամբ մոտեցավ ամուսնուն և բռնեց նրա ձեռքերից:

— Ստեփանո՛ս, — ասաց նա կնոջ սիրող, քնքուշ սրտին հատուկ անհանգստությամբ և ջերմ, կարեկից հայացքով նայելով նրա աչքերի մեջ, — դու գիտես, որ ես երբե՛ք չեմ կարող հանգիստ լինել, երբ քեզ այդպես եմ տեսնում... Ասա՛, ճշմարիտն ասա, ուրիշ բան խո չէ՞ պատահել քեզ... ուրիշ տեղդ խո չէ՞ ցավում... հա՞:

— Զարմանալի է. ասացի, որ միայն գլուխս է ցավում, — պատասխանեց ամուսինը, հազիվ դիմանալով կնոջ հայացքին: — Ինձ չե՞ս հավատում:

— Ո՛չ, չեմ հավատում, Ստեփանոս, չեմ հավատում... Դու երբե՛ք այդպես չես եղել... ես քեզ երբե՛ք այդպես չեմ տեսել... Երեկ գիշերվա օտարոտի վարմունքդ, այժմյան օտարոտի դրությունդ... ո՛չ, դու երբե՛ք այդպես չես եղել, հասկանո՞ւմ ես ինձ, երբե՛ք այդպես չես եղել... Դու մի բան գիտես... քեզ մի բան պատահում է, բայց դու այդ ինձ չես ուզում հայտնել... Ստեփանո՛ս, նայի՛ր ինձ ուղիղ, ես վախենում եմ... Ասա՛, ասա ճշմարիտը... Ասա:

Նրա աչքերը թաց եղան, ձայնը դողաց և, կրկնապատկելով յուր հայացքի ուժը, նա չոքեց ամուսնու առաջ:

Մի ակնթարթում խղճի խայթը զարթնեց Հարունյանի մեջ. «խաբեբա՛, անպիտա՛ն, ստո՛ր, զարշելի՛, դավաճա՛ն» — կարծես միլիոնավոր ձայներ խլացրին նրա ականջները... Նա ցնցվեց ամբողջ մարմնով և կատարելապես տիրապետել իրեն:

— Նունե՛, ի՞նչ ես անում, վեր կաց, — ասաց նա փաղաքշական ձայնով: — Հավատացի՛ր, ոչինչ չկա, իզուր դու այդպես անհանգստանում ես... վեր կաց... գլուխս փոքր-ինչ ցավում է, իսկույն կանցնի... Վեր կաց:

Կինը վեր չկացավ, այլ ձեռքերով ամուր գրկեց ամուսնու մեջքը և, գլուխը դնելով նրա կուրծքի վրա, անհուն սիրով, անհուն քնքշությամբ լուռ նայեց նրա աչքերին:

Իսկ ամուսինը մի ձեռքով կամաց գրկեց նրա սիրուն, փոքրիկ գլուխը:

Հետևյալ օրը առավոտյան կինը խնդրեց ամուսնուց իշխանուհուն այցելության գնալու: Ամուսինը համաձայնեց, որպեսզի ոչինչ կասկածանքի տեղիք չտա նրան, բայց նախորդ օրվա իշխանուհու հետ ունեցած տեսակցությունից հետո Հարունյանի համար շատ դժվար էր կնոջ հետ նրան այցելելու: Ինչևիցե: Գնացին: Բայց իշխանուհին աղախնի բերանով հազար ներողություն խնդրեց, որ այդ ժամանակ ոչ մի կերպ կարող չէ ընդունել նրանց, որովհետև իրեն շատ վատ է զգում:

— Երևի գլխացավը նորոգվել է, — ասաց կինն ամուսնուն:

Ամուսինը մնաց լուռ:

Կինը մտախոհ հայացքով նայեց նրան:

— Խոսք եք տվել, ի՛նչ է, միմյանց, որ գլխացավը ձեզ միևնույն դրության մեջ ձգե, — ասաց նա: — Առաջ նրա գլուխն էր ցավում, երեկ՝ քոնը, այսօր դարձյալ նրանը...

Ամուսինն այդ խոսքերի վրա ստիպված ծիծաղեց միայն, բայց այդ ծիծաղը շատ անշնորհք ծիծաղ էր, որին մինչև անգամ սխալ կլիներ ծիծաղ անվանել:

Նրանք գնացին տուն, բայց երեկոյան կրկին եկան: Այս անգամ իշխանուհին ինքը դուրս եկավ նրանց առաջ նախասենյակը:

— Սո՛ֆիա, — նրան տեսնելուն պես կանչեց տիկին Հարունյանը՝ առաջ շտապելով դեպի նա: — Այդ ի՞նչ ես դառել...

Իրավ որ իշխանուհին այդ մի օրվա մեջ նկատելի կերպով փոխվել էր: Դեմքը սաստիկ դժգույն էր, աչքերն ընկել էին խոր, կապույտը կապել էր նրանց շուրջը վարդագույն շրթունքները ստացել էին բաց կարմիր գույն, սիրուն, կյանք շնչող ժպիտն այլևս չէր պսակում նրա դեմքն և մի տեսակ տխուր, մռայլ քող կարծես ծածկել էր նրան ամբողջապես:

Հարունյաններին տեսնելով, նա մեղմ, տխուր կերպով ժպտաց և սեղմեց նրանց ձեռքը:

— Պետք է ներեք ինձ, որ առավոտյան չկարողացա ձեզ ընդունել, — ասաց նա. — երեկ գիշեր մրսել էի, ի՞նչ էր, չգիտեմ, միայն այսօր... շատ վատ էի զգում ինձ:

Նա մի առանձին հայացքով նայեց Հարունյանին, բայց Հարունյանը չէր նայում նրան:

— Այժմ ի՞նչպես ես զգում քեզ, — հարցրեց տիկին Հարունյանը:

— Փոքր-ինչ լավ... Բայց շատ շնորհակալ եմ ձեզանից, որ դուք այժմ ինձ մենակ չթողիք: Խնդրեմ ներս եկեք:

Երեքն էլ ներս մտան: Կարճ ժամանակից հետո եկավ և Պետրովը, բայց իշխանուհին նախապես հրամայել էր աղախնուն, որ նրան չընդունե: Այդ երկրորդ անգամն էր, որ խեղճ Պետրովը վռնդվում էր նրա տնից: Առանց Պետրովի, երեքով խոսեցին, ժպտացին, թեյ խմեցին, և այդ բոլորը տիկին Հարունյանի շնորհիվ միայն, իսկ իշխանուհին և պարոն Հարունյանը ո՛չ դատարկաբանության սիրտ ունեին, ո՛չ ժպտալու և ո՛չ թեյ խմելու: Նրանք երբեմնակի, տիկին Հարունյանից թաքուն, նայում էին միմյանց աչքերին, և նրանց այդ տխուր հայացքները փոխադարձաբար, կարծես, երկար պատմություններ էին անում միմյանց:

Տիկին Հարունյանն իշխանուհու խնդրանոք նստեց դաշնամուրի առաջ և սկսեց ածել: Այդ ժամանակ իշխանուհին կարողացավ ծածուկ ինչ-որ թղթի կտոր դնել պարոն Հարունյանի ձեռքը: Վերջինս իսկույն թղթի կտորը պահեց գրպանում:

Երբ իշխանուհուց բաժանվեցին և գնացին տուն, պարոն

Հարունյանն առանձնացավ յուր սենյակը և կարդաց թղթի կտորի վրա մատիտով դրված հետևյալ մի տողը. «Հաջողեցրեք մի անգամ առանձնապես տեսնվել ինձ հետ»:

Հարունյանն աշխատեց որքան կարելի է շուտով հաջո՛ղեցնել այդ երկրորդ առանձնակի տեսակցությունը, որովհետև նա կամենում էր վերջապես վերջ տալ յուր անտանելի դրությանը:

Բայց ո՞րտեղ պետք է տեսակցել — այդ միտքը տանջում էր նրան: Նա չէր ուզում առաջվա նման խաբել կնոջը և իշխանուհու հետ տեսնվել նրա դաստակերտում, որովհետև վախենում էր, որ չլինի թե կինը՝ չգիտենալով, հանկարծ վրա հասներ իրենց, իսկ այդ բավական էր, որ միամիտ կինը կասկածանքի տեղիք ունենար, որից այնպես խույս էր տալիս Հարունյանը: Վերջապես, շատ մտատանջվելուց հետո, նա մտածեց, որ անտառում կարելի է տեսակցել բոլորովին ապահով կերպով:

Հետևյալ օրը, երբ կնոջ հետ դարձյալ այցելության գնաց իշխանուհուն, նա նույնպես, կնոջից ծածուկ, կարողացավ նրա ձեռքը դնել մի թղթի կտոր, որի վրա գրված էր հետևյալը. «Եթե կբարեհաճեք վաղը առավոտյան ժամը վեցին եկեք անտառն, ես այնտեղ անհամբեր կսպասեմ ձեզ: Ամենահարմար և ամենաապահով տեղն է, որտեղ համարձակ կարող ենք մենք տեսակցել միմյանց»: Իշխանուհին անմիջապես դուրս գնաց հարևան սենյակն, երևի կարդալու և, երբ մի րոպեից հետո դարձյալ ներս մտավ, թեթևակի գլխով արեց Հարունյանին: Հարունյանը հասկացավ, որ նա համաձայն էր անտառում տեսակցելու:

Նույն գիշեր Հարունյանն ամենևին աչք չխփեց: ի՞նչ պետք է խոսի արդյոք իշխանուհին, ի՞նչ վախճան պետք է ունենա արդյոք իրենց այդ երկրորդ առանձնակի տեսակցությունը, արդյոք դրանով վե՞րջ պետք է տրվի յուր անտանելի դրությանը, թե նորանոր և ավելի վատթար դրությունների նախադուռը պետք է բացվի, — ահա այդ մտքերն էին զբաղեցնում նրա ուղեղը: Գիշերն անցնում էր սպանիչ դանդաղությամբ, կարծես երբեք այլևս չպետք է լուսանար:

Առավոտյան ժամի հինգն էր, երբ նա պատրաստվեցավ գնալու: Կինը հանգիստ քնած էր: Նա դուրս եկավ տնից և քայլերն ուղղեց դեպի անտառը: Այդ միջոցին ամառանոցի բոլոր փողոցները գրեթե դատարկ էին: Առհասարակ առողջապահության կանոններն անգիր արած և առողջության ետևի վազող ամառանոցի բնակիչները քնում էին մինչև կեսօրը, ինչպես այդ սովոր են անել քաղաքում, նրանց համար գոյություն չունի ամառանոցի հրաշալի վաղ առավոտը և վաղ առավոտ ի առողջարար օդը:

Արևը նոր էր բարձրանում: Անտառի թավուտ կատարը ներկվել էր շառագունով. ծառերն երկար ստվերներ էին արձակել: Ամառանոցի վերա կանգնած ամառային փոշենման մշուշը հետզհետե պարզում էր. երկնքի վրա՝ հորիզոններին մոտ՝ ձգվել էին ոսկեգույն ամպեր: Թռչունները վաղուց սկսել էին վաղորդյան իրենց զանազանաձայն ուրախ համերգը: Ցողասփյուռ անտառը շնչում էր թարմ, կենարար անուշահասությամբ:

Հարունյանը նստեց անտառի մուտքի մոտ՝ նստարանի վրա և սկսեց նայել դեպի այն կողմը, որ կողմից որ պետք է գար իշխանուհին: Բնության հրաշալիքն իսպառ կորցրել էր նրա աչքում յուր գրավիչ կախարդող ազդեցությունը, նրա սիրտը բաբախում էր շատ ծանր, ցավ տալով, կարծես մի անհայտ զորություն զուշակում և գուժում էր նրան մի սոսկալի վիշտ: Նա սպասում էր, սպասում էր, որպես մի մարմնացյալ անհամբերություն:

Հանկարծ նրա սիրտն այնպես թրթռաց, որ կարծես ուզում էր պատռել կուրծքն և դուրս ընկնել: Նա տեսավ իշխանուհուն, որ արագ քայլերով գալիս էր դեպի ինքը: Էլ չսպասեց, որ նա մոտենա իրեն, և, վեր կենալով, իսկույն առաջ շտապեց դեպի նա: Նրանք մոտեցան միմյանց, լուռ նայեցին միմյանց աչքերին և լուռ սեղմեցին միմյանց ձեռքը: Նույն լռությամբ նրանք անմիջապես դիմեցին դեպի անտառ:

Իշխանուհին հագած ուներ սև հագուստ, դրա վրայից՝ ձմեռային կարճ վերարկու, որովհետև առավոտյան օդը զգալի կերպով ցուրտ էր, իսկ գլխին զցած ուներ մետաքսյա սպիտակ և բարակ շալ, որի առջևի երկու կողմերը պարանոցի մոտ բռնած ուներ ձեռքով: Նրա դեմքն դեռ այնպես գունատ չէր եղել, ինչպես այդ առավո՛տ, աչքերը բոլորովին ընկել էին խոր, նրանց տակի կապույտը կրկնապատկվել էր. շրթունքների բաց կարմիրը բոլորովին դժգունել էր. մի խոսքով նրա դեմքի վրա ամեն ինչ պարզ վկայում էր, որ նա շատ էր տանջվել և գիշերը բնավ չէր քնել: Հարունյանը կողքից նայում էր նրան, և նրա սիրտն անասելի կերպով ճմլվում էր: Ո՛րպիսի զանազանություն առաջին անգամ թատրոնում տեսած և այժմյան իշխանուհու մեջ: Ի՞նչ զարմանալի, ի՛նչ անհավատալի փոփոխություն էր ստացել այդ կինը մի քանի օրում միայն: Քայլվածքը, հայացքը, շարժումներն, ամեն ինչ ծանր, ամեն ինչ զգաստ, ամեն ինչ տխուր:

Երկար ժամանակ նրանք զնում էին լուռ: Բայց նրանք չէին խոսում ո՛չ թե այն պատճառով, որ ոչինչ չունեին խոսելու, այլ այն պատճառով, որ վախենում էին. զգում էին, թե մի՛ գուցե ամեն մի արտասանած կամ լսած խոսքը ծանր հարված պատճառե իրենց սրտին:

Այդպես նրանք անցան մի քանի ճեմելիքներ:

— Նստենք այստեղ, Հարունյան, — վերջապես առաջինը խոսեց իշխանուհին և մոտենալով մի նստարանի՝ նստեց նրա վրա:

Հարունյանը մեքենայաբար հետևեց նրան և նստեց նրա կողքին:

Լռությունը շարունակվեց դարձյալ մի կարճ միջոց: Իշխանուհին շարունակ նայում էր յուր առաջ: Նա ցույց էր տալիս, թե ինքը հանգիստ է, բայց թախծալից դեմքն իսկույն մատնում էր, որ նրա ներսը մեծ ալեկոծություն է կատարվում: Էստ երևույթին, նա ջանք էր անում խոսելու, բայց բառերը չէին հպատակում իրեն: Վերջապես նրա դժգույն շրթունքները բացվեցին և, առանց աչքերը հեռացնելու գետնից, նա անսպասելի հանգստությամբ կարողացավ արտասանել հետևյալ տեղ-տեղ ընդհատված նախադասությունը.

— Ես... վճռեցի, որ մենք պետք է... բաժանվենք միմյանցից...

Հարունյանի դեմքը մի ակնթարթում մեռելի գույն ստացավ: Այդպես են լինում նրանք, որոնք լսում են իրենց մահու վճիռը: Նա անզգայաբար թեքվեց դեպի իշխանուհու դեմքն և կամաց առավ նրա ձեռքը, այդ ձեռքը սառն էր, որպես ձյուն:

— Սո՛ֆիա... — շշնջաց նա մեղմ, քնքուշ, դողդոջուն ձայնով, որի մեջ պարզորեն լսվում էր նրա սրտի բոլոր տանջանքը:

— Ես վճռել եմ, որ պետք է... հեռանամ... — առաջվա նման արտասանեց իշխանուհին:

— Սո՛ֆիա... — կրկնեց Հարունյանը:

Այս անգամ իշխանուհին կամաց բարձրացրեց գլուխը և նայեց նրա աչքերին:

— Բայց իմ հեռանալուց հետո, երբ մենք այլևս երբեք չենք տեսնիլ միմյանց, դուք կմոռանա՞ք ինձ, — ասաց նա:

— Սո՛ֆիա, — այս անգամ ծանր կերպով հառաչեց Հարունյանը:

— Համոզված եմ, որ չեք մոռանալ, Հարունյան, — շարունակեց իշխանուհին: — Համոզված եմ, որ ինձ միշտ կհիշեք... Եվ միակ երջանկությունը, որ ես պետք է տանեմ ինձ հետ, այդ կլինի... Ա՛խ, Հարունյա՛ն, Հարունյա՛ն, ինչու բախտը հանդիպեցրեց մեզ միմյանց, և եթե հանդիպեցրեց, ինչո՞ւ այսպիսի պայմանների մեջ... Սակայն մի՛ կարծեք, թե ես անիծում եմ մեր հանդիպումն, ընդհակառակն — ես ի սրտե օրհնում եմ այն րոպեն, երբ առաջին անգամ տեսա ձեզ, որովհետև այդ ժամանակ գտա մի մարդ, մի վեհ, մի առաքինի մարդ, որ հետո, շատ հետո յուր բարոյական անպարտելի ուժով կարողացավ բարոյական վերածնություն տալ ինձ — մոլորված-ապականված հասարակության այս մոլորված և ապականված ծնունդիս... Թշվառ զոհի նման ես չեմ հեծեծում և չպետք է հեծեծամ այն հոգեկան տան ջանքների տակ, որ բախտը ձեր միջոցով տվել է ինձ. ես օրհնում եմ այդ տանջանքները, ես սիրում եմ այդ տանջանքները, որովհետև դրանց մեջ ես գտնում եմ միայն ինձ հասկանալի հոգեկան մի տարօրինակ, բայց վսեմ քաղցրություն... Սիրտս, հոգիս, ամբողջ գոյությունս այս րոպեիս անասելի կերպով վշտում է, բայց ես երջանիկ եմ, որովհետև ձեզ մոտ եմ, տեսնում եմ ձեզ, խոսում եմ ձեզ հետ, և դուք հասկանում եք ինձ. հասկանում եք և կարեկից, մասնակից եք լինում իմ վիճակիս... իսկ այդ շատ է, շատ-շատ է ինձ համար... այո՛, այդ բավական է, որ ես ինձ երջանիկ զգամ... ախր չէ՞ որ այս ահագին աշխարհիս մեջ առանց ձեզ ես մենակ կլինեի, մենակ, ինչպես մի ամայի անապատի մեջ... Ա՛խ, եթե գիտենաք, թե ո՛րքան փոխվել եմ ես... Բայց գիտե՞ք, թե ի՛նչ էի ես առաջ: Ես ամուսին ունեի, համեստ, ազնիվ, առաքինի ամուսին, որ սիրում, պաշտում և նվիրված էր ինձ յուր բոլոր գոյությամբ, բայց ես... Ո՛չ ո՛չ, Հարունյան, դուք այդ չպետք է գիտենաք... ես չեմ ուզում, որ ձեր աչքում ընկնեմ... ես չեմ ուզում, որ դուք ինձ վրա վատ գաղափար կազմեք... միևնույն չէ՞, խո ես զղջում եմ, խո հեռանում եմ սխալ ճանապարհից, խո քավում եմ մեղքերս... ուրեմն՝ ինչո՞ւ դուք պետք է դատապարտեք ինձ, ի՞նչ իրավունքով պետք է դատապարտե ինձ և հասարակությունը... Ես վատ կին չեմ, Հարունյան, աստված է վկա, ես վատ կին չեմ. բնությունը ստեղծել է ինձ լավ հատկություններով, բայց ես ի՞նչ մեղավոր եմ, որ սխալ դաստիարակությունն իմ այդ լավ հատկություններին վատ ուղղություն է տվել, ես ի՞նչ մեղավոր եմ, որ հասարակությունն ինձ այսպես այլանդակել է... Եվ եթե ես վատ կին լինեի, մի՞թե դուք ինձ կսիրեիք, Հարունյան, մի՞թե ձեր ազնիվ, առաքինի սիրտը կկապեիք իմ սրտի հետ, եթե ես վատ կին լինեի... Ո՛չ, Հարունյան, ո՛չ, անշուշտ ձեր բնությունը հասկացել է ինձ, և այդ անչափ ուրախություն է պատճառում ինձ... Այս րոպեիս ես ընդունակ և պատրաստ եմ ամեն տեսակ վեհ, սրբազան գործ կատարելու, և ահա այժմս ես եկել եմ ձեզ մոտ, որպեսզի հայտնեմ ձեզ, թե ամենայն հոժարությամբ ընդունում եմ կատարելու այն անձնազոհությունը, որ դուք խնդրում էիք ինձանից, որ դուք իբրև բարոյական պարտականություն դնում եք ինձ վրա. ես պետք է հեռանամ ձեզանից, պետք է հեռանամ. ընդմիշտ... և...

Նրա ձայնը դողաց, կտրվեց, աչքերը լցվեցան արտասուքով, նա շրջեց յուր դեմքը Հարունյանից:

Հարունյանը կարծես զրկվել էր ձայն հանելու ընդունակությունից: Նա նստած էր անշարժ, միայն նայում և լսում էր նրան: Այդ ժամանակ նրա վիշտն այնքա՛ն ծանր էր, որ նա գրեթե ոչինչ չէր զգում:

Երկար լռությունից հետո իշխանուհին գլուխը դեպի նա դարձրեց և տխուր, շատ տխուր հայացքով նայեց նրա աչքերին:

— Ինչո՞ւ չեք խոսում, Հարունյան, — հարցրեց նա մեղմ ձայնով:

— Ի՞նչ ասեմ, — մեքենայաբար, անզգա ձայնով արտասանեց Հարունյանը:

Իշխանուհու աչքերը սաստիկ չռվեցին:

— Հարո՛ւնյան, — կանչեց նա վախեցած, — ես հեռանում եմ ձեզանից, մի՞թե դուք ինձ բարի ճանապարհ չեք մաղթի...

Մի ակնթարթում Հարունյանի անզգա դեմքը խորին վշտի, խորին տանջանքի արտահայտություն ընդունեց:

— Սո՛ֆիա, — արտասանեց նա ցավագին ձայնով: — Եթե այս րոպեիս այստեղ իմ առաջ մի սոսկալի անդունդ բացվեր, ես առանց մտածելու իսկույն կընկնեի նրա մեջ, որպեսզի միանգամից վերջ դրվեր իմ այսքան անտանելի տանջանքներին...

Իշխանուհու հայացքն այս անգամ ընդունեց մեղմ, քնքուշ, անհուն սիրո և կարեկցության արտահայտություն: Նա առավ Հարությանի ձեռքերն և ջերմագին սեղմելով նրանց, հազիվ լսելի ձայնով շշնջաց.

— Ես հասկանում եմ քեզ, Ստեփանոս, դու դժվարանում ես ինձ բարի ճանապարհ մաղթելու, բայց ո՛րքան պետք է դժվարանամ ես ասելու քեզ՝ մնացի՛ր բարև...

Նրա ձայնը դարձյալ դողաց, կտրվեց, բայց այս անգամ նա չկարողացավ իրեն զսպել, դառն արտասուքը հանկարծ դուրս ցայտեց աչքերից: Նա իսկույն հանեց թաշկինակը և ամուր սեղմեց աչքերին: Սակայն, շուտով հանգստացավ, շտապով սրբեց աչքերն և վեր կացավ տեղից:

— Գնանք, Հարությունյան, — ասաց նա նայելով շուրջը: — Այս մեր վերջին առանձնակի տեսակցությունն է, բայց ես հույս ունիմ, որ Նունեի հետ դուք այսօր դարձյալ կայցելեք ինձ... Ես գուցե երկու օրից, մի օրից հետո հեռանամ այս տեղից...

ԺԸ

ԾԱՆՐ ՎԱՅՐԿՅԱՆՆԵՐ

Վերջին առանձնակի տեսակցությունը կատարելապես ապացուցեց Հարությանին, թե ո՛րքան մեծ և անդիմադրելի է այն ուժը, որ կապում է իրեն իշխանուհու հետ: Բարոյական այն զարմանալի փոփոխությունը, որ վերջին օրերում կատարվել էր իշխանուհու մեջ, նրա սիրտը լցնում էր անհուն բերկրանքով, որովհետև այդ փոփոխության պատճառն ինքն էր. բայց երբ մտաբերում էր իշխանուհու վճիռն յուր ընդմիշտ հեռանալու մասին, խորին հուսահատությունն իսկույն պաշարում էր նրան, չնայելով որ այդ ինքն էր խնդրել նրանից, և այդ հուսահատությունն երբեմն այն աստիճանի էր հասնում, որ նա վախենում էր, թե չլինի՛ հանկարծ թողնե յուր կնոջն ու զավակին, որոնց երջանկության համար միայն նեթ հանձն էր առել բարոյական սոսկալի պատերազմը, իր արդեն մոտ էր յուր լուծման, և հեռանար, փախչեր իշխանուհու հետ... նա զգում էր, թե որպես րոպե առ րոպե սառում է ինքը դեպի յուր ընտանիքը, թե որպես յուր սրտի վերջին կապը կտրվում է դրանից, այո՛, նա այդ զգում էր, բայց և միևնույն ժամանակ սարսափում էր, որպես մի սոսկալի ոճրագործ, որ հասկանում էր յուր մեղապարտ արարքի բոլոր ահռելիությունը...

Իշխանուհուց բաժանվելով, երբ նա վերադարձավ տուն, կինը նոր էր վեր կացել:

— Ո՞ւր էիր գնացել, Ստեփանոս, — հարցրեց նա:

— Զբոսանքի, — սառնությամբ պատասխանեց Հարունյանը:

— Այսպես վա՞ղ:

Ամուսինը չպատասխանեց:

Կինը զարմացած նայեց նրան:

— Այսօր ի՞նչպես ես զգում քեզ, — հարցրեց նա կարճ լռությունից հետո:

— Կատարելապես լավ, — նույն սառնությամբ պատասխանեց Հարունյանը:

Կինն ակամայից հիշեց այն սառնությունը, որով մի ժամանակ իշխանուհին ընդունում էր նրան և խոսում էր նրա հետ: Նա մտախոհության մեջ ընկավ:

— Թեյ ուզո՞ւմ ես, — այս անգամ երկար լռությունից հետո դարձյալ հարցրեց նա:

— Ինչո՞ւ չէ, — եղավ պատասխանը, որ միևնույն ժամանակ կարելի էր հասկանալ և՛ այսպես՝ միևնույն է, եթե չխմեմ էլ:

Այնուհետև ողջ օրը նրանց մեջ ի՛նչ հարց և պատասխան որ եղավ, բոլորն այդ եղանակով էր: Թեպետ Հարունյանը զգում էր այդ, բայց ուրիշ կերպ վարվել, ուրիշ կերպ խոսել չէր կարողանում, այնինչ կնոջ համար այդ այնքան զգալի էր, որ վերին աստիճանի զարմանքից մի տեսակ կաշկանդող ապշություն էր տիրել նրան:

Նույն օրն երեկոյան նրանք այցելեցին իշխանուհուն: Իշխանուհին զարմանալի կերպով հանգիստ էր. նրան տիրել էր մի տեսակ անտարբերություն, մի տեսակ անզգայականություն: Երևում էր, որ նա արդեն վերջնականապես հաշտվել էր յուր դրության հետ:

Տիկին Հարունյանն ինքն էլ չհասկացավ, թե ինչի՛ այս անգամ նրան սառնությամբ հանդիպեց և չկարողացավ առաջվա նման հեռվից ժպտալ նրա դեմքին, առաջ վազել դեպի նա, ջերմագին սեղմել նրա ձեռքերն և երեխայի նման խոսել նրա հետ: Իշխանուհուն տեսնելուն պես՝ ինչ-որ անհայտ զորություն, կարծես, ետ մղեց նրան, կաշկանդելով նրա թե՛ սիրտն և թե՛ լեզուն: Նա ակամայից մի տեսակ զննող, փորձող հայացքով սկսեց մերթ նայել յուր ամուսնուն, մերթ իշխանուհուն — ո՛րպիսի զարմանալի նմանություն այդ երկուսի հոգեկան դրությունների մեջ...

— Նունե, գիտե՞ս, ես էգուց պետք է հեռանամ այստեղից, — ասաց իշխանուհին:

— Ինչո՞ւ, — շտապով հարցրեց տիկին Հարունյանը:

— Որովհետև Կովկասի օդն ինձ վրա չէ գալիս, և բժիշկները խորհուրդ են տալիս անհապաղ հեռանալու այստեղից, ապա թե ոչ, հետևանքն, ասում են, շատ վատ կլինի:

Հարունյանն իսկույն հասկացավ, որ իշխանուհին այդ փնտրել էր Նունեին բոլոր կասկածներից հեռու պահելու համար:

Տիկին Հարունյանը, լսելով յուր ընկերուհուց նրա հնարած խելքի մոտ պատճառաբանությունը, ոչինչ չասաց և նույն զննող, փորձող հայացքով նայեց ամուսնուն: Ամուսինն, ըստ երևույթին, հանգիստ նայում էր մի կողմն և, կարծես, չէր էլ լսում, թե ի՛նչ են խոսում նրանք:

— Ո՞ւր պետք է գնաս, Սոֆիա, — կարճ լռությունից հետո հարցրեց տիկին Հարունյանը:

— Պետերբուրգ:

— Ուրեմն այլևս չե՞ս գա այս կողմերը...

Իշխանուհին մի թռուցիկ, անզգա հայացք ձգեց Հարունյանի վրա:

— Ոչ, — պատասխանեց նա:

— Սո՛ֆիա, ի՞նչպես թե ոչ, աղաղակեց իսկույն տիկին Հարունյանն, առնելով նրա ձեռքերն և անհուն սիրով, անհուն կարեկցությամբ նայելով նրա աչքերին: — Ի՞նչպես թե ոչ... Մի՞թե մեզ համար հեշտ կլինի, որ ապրենք միմյանցից հեռու, որ այլևս չտեսնենք միմյանց...

Իշխանուհին ամեն կերպ աշխատեց զսպել իրեն, որպեսզի հոգոց չհանե: Բայց նրա մինչև այժմ անզգա դեմքն ընդունեց խորին վշտի և հո՛ւսահատության արտահայտություն, իսկ աչքերը լցվեցան արտասուքով:

— Այո՛, Նունե, — պատասխանեց նա կամաց, դողդոջուն

ձայնով, — դժվա՛ր կլինի, շա՛տ դժվար, բայց... տեսնում ես դրությունս... ճանաչո՞ւմ ես ինձ... այս ի՞նչ եմ դառել ես... Եվ մի՞թե կուզեիր, որ այստեղ մնալով՝ ես ավելի վատթար դրության մեջ ընկնեի... Կհեռանամ, լավ կդառնամ և, ո՞վ գիտե, գուցե դարձյալ կգամ այս կողմերը… կամ դուք կգաք այն կողմերը...

— Այո՛, այո՛, Սոֆիա, անշուշտ մենք դարձյալ կտեսնվենք, անշուշտ կտեսնվենք... բայց, իհարկե, մինչև այդ ժամանակը մենք հաճախ նամակագրություն կունենանք, այնպես չէ՞, Սոֆիա:

Իշխանուհին առաջվա նման դարձյալ մի թռուցիկ հայացք ձգեց Հարունյանի վրա:

— Իհարկե, — պատասխանեց նա:

— Բայց էգուց ո՞ր ժամին ես հեռանալու:

— Առավոտյան ժամի իննին կամ տասին:

Մինչև տուն գնալը՝ Հարունյանը գրեթե լուռ էր. խոսում էր միայն այն ժամանակ, երբ կնոջ առաջարկած մի որևիցե հարցին պետք էր պատասխանել, բայց նա պատասխանում էր շատ կարճ, ակամայից, կարծես ինքն էլ չէր հասկանում, թե ի՛նչ է ասում: Կինն առաջվա նման զարմացած և զննող, փորձող հայացքով դարձյալ մերթ նայում էր նրան, մերթ իշխանուհուն: Վերջինիս հետ խոսելիս՝ նա խոսում էր մերթ սաստիկ սիրով, սաստիկ կարեկցությամբ, ուզում էր գրկել նրան, համբուրել նրան, մերթ հանկարծ սառում էր, լեզուն կաշկանդվում էր, ինչ-որ անհասկանալի զորության ետ էր մղում նրանք

Այդ երեկո Պետրովը դարձյալ եկավ, բայց իշխանուհու աղախինն այս անգամ նրան պարտեզի դռնից վռնդեց, իհարկե, քաղաքավարի կերպով:

Հետևյալ օրը, երբ Հարունյաններն եկան իշխանուհուն ճանապարհ դնելու, ճանապարհորդական ժաժկաժ կառքն արդեն պատրաստ՝ կանգնած էր դուրսը: Այդ կառքը տեսնելուն պես նույն ազդեցությունն ունեցավ պարոն Հարունյանի վրա, ինչ ազդեցություն որ ունենում է մարդու վրա յուր սիրելիի դիակառքը կամ դագաղը: Կառքի մոտով անցնելիս՝ նա մի չարանենգ հայացք ձգեց ծեր կառապանի վրա, որ՝ յուր նստարանի վրա նստած՝ հազիվ կարողանում էր սանձահարել անհանգիստ, վիթխարի ձիերին:

Նրանք ներս մտան իշխանուհու մոտ: Իշխանո՛ւհին, արդեն բոլորովին պատրաստ, նստած էր լուսամուտի մոտ, կարծես, տեղնուտեղը սառել, փետացել էր: Երբ Հարունյանները ներս մտան, նրա մեռած հայացքն ընկավ միայն ամուսնու վրա: Կինը, որ մտնելուն պես՝ ուզում էր իսկույն նեթ սաստիկ սիրով վազել դեպի յուր ընկերուհին, այդ հայացքը տեսնելով, հանկարծ կանգնեց և ուսի վրայից կամաց, թեթևակի կերպով ետ նայեց ամուսնու կողմը: Այնուհետև դանդաղ քայլերով նա մոտեցավ իշխանուհուն և լուռ ու սառնությամբ սեղմեց նրա ձեռքը: Հարունյանն առաջ չգնաց և հեռվից միայն գլուխ խոնարհեց իշխանուհուն:

Կես ժամի չափ նրանք մնացին միմյանց մոտ. բայց այդ բոլոր ժամանակ նրանք ավելի լուռ էին, քան թե խոսում էին: Տիկին Հարունյանը հարցրեց իշխանուհուց, թե ի՛նչ է անելու արդյոք յուր կալվածքների հետ, որ ինքը հեռանում է: Իշխանուհին պատասխանեց, որ առժամանակ թողնում է այնպես, մինչև որ Պետերբուրգից մի որևիցե կարգադրություն կանե: Յուր կալվածքների մասին նա խոսում էր այնպես, որ կարծես դրանք նրա աչքում մի կոպեկի գին անգամ չունեին:

Հանկարծ նա վեր կացավ, տենդային արագությամբ մոտեցավ սեղանին և սաստիկ հնչեցրեց հնչակը:

Աղախինը ներս մտավ:

— Կառքը պատրա՞ստ է, — իրեն հատուկ նախկին վեհանձնությամբ հարցրեց նրան իշխանուհին:

Հարունյանը ցնցվեց ամբողջ մարմնով, ինչպես մի դատապարտյալ, որի ականջներում հանկարծ հնչում է օրհասական ձայնը, — կախաղանը պատրաստ է…

— Վաղուց է պատրաստ, տիրուհի, — պատասխանեց աղախինը:

— Ուրեմն շուտով փակիր բոլոր լուսամուտների փեղկերն ու դռները, — հրամայեց իշխանուհին և ծածկելով գլխարկը՝ մի տեսակ օտարոտի ժպիտով դարձավ Հարունյաններին, — առ այժմ, սիրելիներս, ժամանակն է:

Եվ նա առաջվա վեհանձնո՛ւթյամբ շտապեց դուրս:

Հարունյանները հետևեցին նրան: Նրանք սաստիկ զարմացել էին նրա այդ հանկարծակի փոփոխության վրա: Առաջվա հպարտ, շարժուն, կյանք շնչող իշխանուհին յուր կատարյալ վեհանձնությամբ կանգնած էր նրանց առաջ: Տիկին Հարունյանը, կարծես, չհավատալով յուր աչքերին, միայն նայում էր նրան, իսկ պարոնը նույնպես նայում էր նրան և մտածում:

«Ի՞նչ է նշանակում այս... սրա հեզությունը, սրա տխրությունը, վիշտը, աղաչանքը, լացը, մի՞թե բոլորը դիմակ էր... մի՞թե սա խաղում էր զգացմունքներիս հետ, մի՞թե սա դերասանություն էր անում իմ առաջ... մի՞թե, մի՞թե»...

Ինչ-որ ներքին անորոշ բորբոքում պաշարեց Հարունյանին, տղամարդկային հպարտ սրտի վիրավորված քնքուշ լարերը ցավագին ձայներ հանեցին... նա մի տեսակ սուր, թափանցող հայացք ձգեց իշխանուհու վրա և նրան թվաց, թե դա առաջվա նման կարմրայտ և վարդագեղ է, թե դա առաջվա նման անհոգ և քաղցրիկ կերպով ժպտում է:

Բայց եթե Հարունյանը փոքր-ինչ սառնությամբ և լրջորեն թափանցեր իշխանուհու այդ րոպեի հոգեկան աշխարհը, կտեսներ, որ դրա այդ հանկարծակի փոփոխությունը ոչ այլ ինչ էր, եթե ոչ մի տեսակ ներքին, տենդային բորբոքում, որի նմանը պաշարում է երկար ժամանակյա մահամերձ հիվանդին մեռնելուց մի քանի րոպե առաջ:

Պատշգամբից իշխանուհին տեսավ դրսում կանգնած կառքը, հանկարծ կանգ առավ և շուռ եկավ դեպի Հարունյանները: Նա դեռ նայեց պարոն՝ հետո տիկին Հարունյանին և հանկարծ փաթաթվելով վերջինիս վզովը կանչեց սրտակտուր ձայնով.

— Նո՛ւնե, թողնում եմ քեզ մոտ սիրտս, հոգիս, բոլոր երջանկությունս... պահի՛ր աչքիդ լույսի պես:

Նա յուր այտն ամուր սեղմեց ընկերուհու այտին և դառնապես հեկեկաց:

Տիկին Հարունյանն մայրական քնքշությամբ յուր կողմից գրկեց նրա մեջքն և կամաց համբուրեց նրա վիզը:

Կարճ ժամանակ այդպես գրկած ունենալուց հետո իշխանուհին թողեց նրան, շտապով սրբեց աչքերն և, մոտենալով Հարունյանին, երկար սեղմեց նրա ձեռքը: Թեպետ այդ ժամանակ նա ոչինչ չկարողացավ արտասանել, բայց նրա հայացքն հազարապատիկ ավելի լավ ասաց այն, ինչ որ նա պետք է խոսքերով ասել:

Այնուհետև շտապով իջնելով սանդուղքներով և, կարծես, չտեսնելով յուր ճանապարհի վրա շարված ծեր պարտիզպանին, նրա կնոջն և դաստակերտում իրեն ծառայող մյուս մարդիկներին, որոնք հավաքվել էին նրան վերջին անգամ բարի ճանապարհ մաղթելու, նա ուղղակի դուրս գնաց դեպի կառքը, որի մոտ սպասում էր նրան աղախինը: Հարունյանները հետևեցին նրան:

Կառքի մոտ նա վերջին անգամ լուռ սեղմեց նրանց ձեռքն և ուզում էր բարձրանալ կառքն, երբ հանկարծ նրա ոտները դողացին և նա անշուշտ վայր կընկներ, եթե Հարունյանն իսկույն չբռներ նրան: Նա շուռ եկավ, առաջվա նման օտարոտի կերպով ժպտաց Հարունյանի դեմքին, երևի դրանով հայտնելով նրան յուր շնորհակալությունն, և իսկույն ներս մտավ կառքը: Աղախինը կառքի մյուս դռնից հետևեց նրան: Իշխանուհին այլևս դուրս չնայեց: Կառքի դռները շրխկալով փակվեցան, կառապանը մտրակեց ձիերին և կառքը, յուր ետնից թոզի մի ահագին ծուխ բարձրացնելով, առաջ սլացավ:

Հետևյալ օրն Արմենակը վերադարձավ քաղաքից: Մտնելով եղբոր և հարսի մո՛տ, նա բացականչեց. — ծիծեռնակին քաղաքում տեսա, մի՞թե զարունն արդեն հեռացել է այստեղից:

ԺԹ

ՎԵՐՋԻՆ ՄԻ ՓՈՔՐԻԿ ԳԼՈՒԽ

Այդ օրից անցել էր մի ամբողջ շաբաթ:

Կեսգիշեր էր:

Հարունյանը նստած էր բազկաթոռի մեջ, իսկ նրա հանդեպ գահավորակի վրա՝ նրա կինը: Հարունյանը նստած էր անշարժ և գլուխը խոնարհած, նա հանդարտ խոստովանության նման ինչ-որ բան էր պատմում: Կինը նստած էր նույնպես անշարժ, փոքրիկ, սիրուն գլուխը հենած ձեռքի վրա՝ նա անթարթ աչքով նայում էր սենյակի անկյունին և ամենայն ուշադրությամբ լսում էր ամուսնուն:

Պատմությունը երկար տևեց: Երբ վերջացավ, երկու ամուսիններից ոչ մեկը մի մազաչափ անգամ չփոխեց յուր դրությունը:

Լռությունը կատարյալ էր:

Վերջապես Հարունյանը կամաց բարձրացրեց գլուխը և նայեց կնոջ դեմքին:

Կնոջ գեղեցիկ աչքերից հանդարտ կերպով բխում էին

արտասուքի փայլուն կաթիլներ, գլորվում էին նրա գունատ այտերի վրայով և թրջում էին նրա քնքուշ, նիհար ձեռքը:

Բայց ո՞վ կարող է մեզ ասել, թե այն ի՛նչ արտասուքի կաթիլներ էին...

1887

ԲՈՎԱՆԴԱԿՈՒԹՅՈՒՆ

Ա.
ԹԱՏՐՈՆՈՒՄ 7
Բ.
ԻՇԽԱՆՈՒՀԻ ՍՈՖԻԱ ՄԵԼԻՔՅԱՆ 12
Գ.
ԵՐԿՈՒ ՎԱՂԵՄԻ ԸՆԿԵՐՈՒՀԻՆԵՐԸ 18
Դ.
ՄԻ ՈՒՐԻՇ ՀՅՈՒՐ 24
Ե.
ՈՒՐԱԽ ՕՐ 29
Զ.
ԵՐԵԿՈՅԱՆ 35
Է.
ՊԵՏՐՈՎ ԵՎ ՀԱՐՈՒՆՅԱՆ 39
Ը.
ԵՐԿՈՒ ՍԵՐ 46
Թ.
ՆԵՐՔԻՆ ՊԱՏԵՐԱԶՄ 54
Ժ.
ԱՄԱՌԱՆՈՑՈՒՄ 61
ԺԱ.
ՆՈՐ ՇԱՄԻՐԱՄ 70
ԺԲ.
ՎԵՐՋԻՆ ԵՎ ՍՈՍԿԱԼԻ ՊԱՏԵՐԱԶՄ 76
ԺԳ.
ԲԱՐԵԿԱՄՈՒԹՅՈՒՆԸ ՎԵՐԱՀԱՍՏԱՏՎՈՒՄ Է 89
ԺԴ.
ՍԵՐ, ԽԻՂՃ ԵՎ ՈՒՂԵՂ 99

ԺԵ
ՉԳՆԱԺԱՄ 104
ԺԶ
ԻՇԽԱՆՈՒՀԻՆ ՈՒՐԻՇ ԱՇԽԱՐՀՈՒՄ 116
ԺԷ
ԱՆՏԱՌԻ ԾԱՌԵՐԻ ՏԱԿ 124
ԺԸ
ԾԱՆՐ ՎԱՅՐԿՅԱՆՆԵՐ 133
ԺԹ
ՎԵՐՋԻՆ ՄԻ ՓՈՔՐԻԿ ԳԼՈՒԽ 139

www.ingramcontent.com/pod-product-compliance
Lightning Source LLC
Chambersburg PA
CBHW021009090426
42738CB00007B/719
* 9 7 8 1 6 0 4 4 4 7 9 1 0 *